Dagmar Dusil

Hermannstädter Miniaturen

Dagmar Dusil

Hermannstädter Miniaturen

JOHANNIS
REEG VERLAG

Dagmar Dusil
Hermannstädter Miniaturen

Die Deutsche Bibliothek – CIP – Einheitsaufnahme
Ein Titelsatz für diese Publikation ist bei der
Deutschen Bibliothek erhältlich.

Einband: Tipografia Honterus, Sibiu/Hermannstadt
unter Verwendung des Aquarells (monochrom)
„Generalloch" von Sigrid Weinrich, Bamberg 2011

Aquarelle (monochrom): Sigrid Weinrich, Bamberg 2011

Dieses Buch erscheint mit freundlicher Unterstützung der
Heimatgemeinschaft der Deutschen aus Hermannstadt e. V.,
Heilbronn.

Herstellung: Tipografia Honterus, Sibiu/Hermannstadt

ISBN 978-3-937320-18-2

www.johannis-reeg-verlag.de

Printed in Romania

Orte der Zuflucht.
In Worten geortete
Fluchtwege.

Dagmar Dusil

(M)ein Hermannstadt

Es gab eine Zeit, da wollte ich nie weg aus dieser Stadt, aus meinem Hermannstadt, und es gab eine Zeit, da wollte ich nur weg, und es gab eine Zeit, da wollte ich nie mehr hierher zurückkehren, in die Stadt am Zibin, die ich eines Tages kurz vor Weihnachten verlassen hatte. Ihr Bild versank in meinem Bewusstsein für viele Jahre und flammte in meinem Unterbewusstsein immer wieder auf. Wie sieht ein Fremder die Stadt, fragte ich mich oft. Kann ich die Stadt mit den Augen eines Fremden sehen?

Eines Tages stand ich erneut in der Stadt. Ich betrat sie, so wie man die gute Stube betritt. Eine kleine Fremdheit schlug mir entgegen, eine Gefühl der Verschämtheit, wie Kinder es haben, wenn sie einen lieben Menschen länger nicht gesehen haben. Doch nur für kurze Zeit. Dann war die alte Vertrautheit erneut da. Die Gerüche der Jahreszeiten waren präsenter denn je. Die explodierenden Gerüche des Frühjahrs, wo alles nach Anfang und Neubeginn roch, der warme Regen auf dem Asphalt, die Sommerhitze, die in Hermannstadt nie unerträglich erscheint, mit den duftenden Blumen, der Farbenrausch des Herbstes mit der Unentschiedenheit der Laubbäume zwischen Rotnuancen und dem Kampf zwischen Gelb und Kupfer, der Winter, der alles verstummen lässt.

Die Stadt als Bühne, mit den Türmen als Kulisse, der höchste der evangelische Kirchturm, schlank und elegant, mit dem bunten Ziegeldach, bereit für den Empfang der Akteure, die seit jeher ihre Stücke mehrsprachig aufführten, als es den Begriff „Multikulti" noch nicht gab. Das Deutsch, das sich mit Sächsisch und Landlerisch vermischte, Rumänisch, Ungarisch und Jiddisch, Zigeunerisch, Italienisch und

Tschechisch. Alle diese Sprachen schwirrten wie der Gesang der Vögel durch meine Kindheit. Und ich durfte auch eine kleine Statistenrolle in der Kulisse Hermannstadts spielen.

Der 73 Meter hohe Turm der evangelischen Kirche ist auch heute noch das höchste Gebäude der Stadt, sichtbar aus jeder Anfahrtsrichtung. Ein sonderbares Gefühl überkommt mich, wenn ich die Kirche mit den vier Ecktürmen, als Zeichen der Blutgerichtsbarkeit, heute mit den Augen des Besuchers sehe, des Fremden, wenn ich heute die genau 500 Jahre vor meiner Geburt angebaute „Ferula" entdecke, die nun für Ausstellungen und musikalische Aufführungen genutzt wird. In die Wände der Ferula wurden die aus dem Kirchenschiff ausgelagerten Grabplatten eingemauert. Und so scheint es, dass auch die Toten verschiedener Nationalitäten hier auskommen so wie auch die Lebenden und Mihnea Vodă cel Rău, der „Böse", der Sohn von Vlad Țepeș, dem Pfähler, ruht zwischen ehemaligen Hermannstädter Bürgermeistern. Wenn ich, begleitet nur von meinem eigenen Schatten und dem Widerhall meiner Schritte, über den Huet-Platz gehe und aus der Kirche Orgeltöne auf der Sauer-Orgel ertönen, der Orgel, die mit ihren 6002 Pfeifen die größte Orgel Südosteuropas ist, dann holt mich ein Stück Hermannstadt ein.

An den Harteneck-Türmen entlang gehen, wo im Sommer die Wandergesellen ihre Arbeit zur Schau stellen. Ein Hermannstadt.

Hermannstadt, die Rote Stadt, ihrer Ziegelmauern wegen von den Türken so genannt und die von den Türken nie eingenommen wurde. Doch Rot ist auch die Farbe des Lebens und des Lebendigseins, der Lebensfreude, des Lebenshungers, der in dieser Stadt zum Tragen kommt. Rot ist auch die Farbe der Märtyrer, und an der Einfahrt nach Hermannstadt kann man auf einem Schild lesen, dass Hermannstadt „Oraş martir", die Stadt der Märtyrer, ist in Erinnerung an die Opfer der Revolution von 1989.

Harteneckturm

Hermannstadt ein Puzzle, das sich aus vielen Teilen zusammensetzt. Im Jahr 2007 gemeinsam mit Luxemburg Europäische Kulturhauptstadt.

Mein Hermannstadt heute – in der Mitte Siebenbürgens, mit deutschen Wurzeln, rumänischen Bewohnern, ungarischem Temperament, italienischer Stimmung, überdurchschnittlich reichen Bewohnern und Menschen, die unter der Armutsgrenze leben. Hermannstadt mit deutschen Schulen und rumänischen Schülern, Hermannstadt mit ausländischen Investoren, die der Stadt zu Wohlstand verhelfen. Hermannstadt mit einer deutschen Bevölkerung von nur zwei Prozent und einem deutschen Bürgermeister. Hermannstadt und sein Klaus Johannis.

Hermannstadt mit unseren Erinnerungen, die wir teilweise mitgenommen, teilweise im Leihhaus abgegeben haben.

Ab und an komme ich hierher zurück und löse meine Erinnerungen ein.

Die Augen der Stadt

Sie sahen alles, und sie sehen alles. Und wissend schweigen sie, behalten das Gesehene für sich. Verschlucken Erblicktes, verschließen Entdecktes. Der Regen verspült Erkanntes, als hätten sie niemals etwas gesehen. Der Schnee verdeckt Ermitteltes bedeckend, verhüllend, erstarrend vor Kälte. Die Sonne verbrennt Herausgefundenes, versengt es. Gesehenes wird zu Asche, verfliegt. Doch sie sahen und sehen alles. Und schwiegen und schweigen. Fast immer. Und was sie sehen, behalten sie für sich. Fast immer. Der Wind, der in dieser Stadt so oft wehte, entriss ihnen ab und zu das Gesehene und verwehte die Wahrheit. Das Gesehene wurde so zum Gehörten und wurde bruchstückhaft weitergetragen. Und es hörte es einer, der es, wenn auch nur hinter vorgehaltener Hand, weitertrug und weitersagte. Und das auch nur unter dem Siegel der Verschwiegenheit. Tagsüber sehen die Augen der Stadt wie die Menschen und nachts wie die Katzen. Die Augen der Stadt wurden wissensschwanger. Und ab und zu wurde eine Geschichte geboren oder auch nur ein Gerücht.

So kam es, dass die Menschen dieser Stadt alles zu wissen glaubten, auch wenn sie nur vieles vermuteten, weil sie oft nur fragmentarisch das von den Augen Gesehene mitbekamen. Oft hätten die Augen sich gerne verschlossen, doch ihr Schicksal war es, alles zu sehen. Sie sahen die junge Frau mit dem Säugling dem Leben entgegeneilen. Sie sahen die alte Frau ihrer Jugend hinterherhinken, sie sahen bleibende Ängste hinter faltigen Stirnen und Illusionen, die sich davonmachten, so schnell sie konnten. Sie sahen brutale Schläger, die als ehrenwerte Bürger galten, und Diebe, die sich unbeobachtet fühlten. Sie sahen Lippenpaare, die sich zum ersten Mal berührten. Sie konnten die Augen nicht verschließen, weder vor Wohlgefallen noch vor Kummer.

Die Augen der Stadt blicken kokett und verfolgend, traurig und schielend, eindringlich und Geheimnisse verschluckend, stets offen und nie verratend. Eitel, doch nicht käuflich. Sie sahen alles und wussten alles, ohne zu erpressen. Sie hatten die Macht, ohne es zu wissen. Ihre Tragik bestand darin, nicht eingreifen zu können.

Die Dächer der Stadt sind das Gesicht der Augen, die andere Augen verschlucken. So laufen die Menschen der Stadt blind einher. Es ist die Blindheit der Sehnsucht, die Blindheit der Liebe, des Nichtwissens, die Blindheit der Dummheit und der Unkenntnis. So trifft das Auge des Kindes das des Greises, das Auge der Heiligen das der Hure, das Auge des Opfers das des Täters. Und das Kind wird zum Greis und der Greis wieder zum Kind. Und die Heilige wird zur Hure und die Hure zur Heiligen. Das Opfer wird zum Täter und der Täter wird zum Opfer. Die Wahrheit wird zur Lüge und die Lüge zur Wahrheit.

Die Menschen der Stadt mit den Dachaugen glauben weiter, alles zu wissen. Und sie glauben, es besser zu wissen.

Augen der Stadt

Der Große Ring

Im neuen Kleid steht er da. Mit einem Schottenrock bekleidet. Hell-
und dunkelgraue Pflastersteine von zurückhaltender Eleganz. Sieht
man ihn an, beginnt er zu laufen. Die eigenen Augen laufen mit. Die
Blicke zerschellen an der barocken katholischen Kirche, werden von
deren Mauern zurückgeworfen, ertrinken im modernen versenkten
Brunnen des Großen Rings. Im Hof der katholischen Kirche fristet
Nepomuk ein abgeschobenes Dasein. Zu finden ist er nur für Kenner
dieser Stadt. Niemand würde den Heiligen dort vermuten. Am Rande
des Großen Rings steht Gheorghe Lazăr, der Reformer des rumänischen Schulwesens. Ein Denkmal in Kupfer. Nicht weit vom Großen
Ring entfernt das nach ihm benannte Lyzeum.

Neben der katholischen Kirche, die die Stirnseite bildet, steht
die ehemalige Sparkasse, der CEC der sozialistischen Zeit, wohin das
Geld, das man nicht hatte, gebracht wurde. Heute ist das Gebäude
Sitz des Bürgermeisteramtes mit einem grazilen atemberaubenden
Innenhof. Rechts der Ratsturm mit den zwei Durchgängen und der
Wetterfahne, die kundtut, woher der Wind weht. Die Tristesse der
sozialistischen Jahre ist dem Lebenshunger neuer Generationen gewichen. Die Verletzungen der Revolution von 1989 sind auskuriert. Die
Einschusslöcher in den Ziegeln der Dächer durch neue Ziegelsteine
ersetzt. Das ernste Lebensgefühl der ehemaligen sächsischen Bevölkerung ist südländischem Flair gewichen. Ein Brünnlein verliert sich
auf dem Platz, wo ehemals das Schafott stand, wo Köpfe rollten und
Hexen verbrannt wurden.

Großer Ring

Das Gebäude des Deutschen Forums erstrahlt in einem Gelb-Orange und an heiteren Tagen fällt das Blau des Himmels auf den Großen Ring, den früher ein Park geziert hat. Wo einst die Konditorei Seiser, später als Macul Roşu (Roter Mohn) bekannt durch die lecke-ren Ischler, Savarine und Cremeschnitten oder die Perla-Konditorei stand, befinden sich nun Telefonläden, Banken und Wechselstuben. Das Haller-Café im gleichnamigen Haus ist Treffpunkt bekannter und weniger bekannter Hermannstädter. Im Frühsommer wird der Große Ring zur Freilichtbühne. Ein Fest jagt das andere. Es erklingt Opernmusik sowie auch Rock- und Pop-Musik.

Ich stehe da auf diesem sommernden Platz und frage mich, ob ich die Fiaker noch erlebt habe oder sie nur aus den Erzählungen ken-ne. Die motorisierte Bewegung ist verbannt. Auch die einst von der Bahngasse heraufkeuchende Straßenbahn hätte keine Chance mehr, über den Großen Ring zu fahren. Der Weg über den Großen Ring am Morgen getragene Schwerelosigkeit und Hoffen, schläfrige Mittags-hitze, schleppender Gang älterer Leute am Nachmittag. Pulsierendes Leben am Abend. Gedanken von Sternen getragen in der Nacht. Ein Blick in die Kindheit. Die Osterprozession aus der katholischen Kir-che über den Großen Ring. Erinnerung oder nur Illusion?

Das Generalloch

für P. M.

Sie trafen sich vor dem Generalloch. Damals, als das Ende des Jahrtausends unerreichbar schien. Er stand im Schatten des Durchgangs, sie bewegte sich fliegend auf ihn zu. Sie vermutete ihn schon dort. Er ahnte ihr Kommen. Es war der Herbst der Vergänglichkeiten, der ihre gebündelten Hoffnungen zerhackt und in eine Ecke des Generallochs geworfen hatte.

Sie trafen sich Abend für Abend, an der Kante zwischen Tag und Nacht, zu der Zeit, als die Dämmerung Zärtlichkeiten zu erhaschen versuchte. Es waren die ersten Herbstabende. Die Luft war entliebt und somit rauh. Das Leben des Tages floss in die todesähnliche Kühle der Nacht. Vor dem Generalloch angekommen, bedeckte ein dünner feuchter Film ihre Haut. Er stand lässig da. Ihr Herzschlag enttaktete den Rhythmus der Turmuhr. Er nahm sie an der Hand und sie gingen durch das Generalloch. Doch zuvor küssten sie sich. Die Leute schüttelten den Kopf. Es war nicht üblich, sich auf der Straße zu küssen, als das Ende des Jahrtausends noch so unerreichbar schien. Das Generalloch beschützte sie. Plakate hingen rechts und links an den Wänden. Ihre Blicke blieben an Buchstaben und Bildern hängen. Er hatte den Eindruck, die linke Wand habe sie verschluckt. Ihre Seele war plötzlich entflohen. Sie drückte seine Hand. Eine Schwalbe fiel aus dem Nest ihr zu Füßen. Ein schlechtes Omen, dachte sie. Sie gingen auf die andere Seite des Generallochs. Sie traten aus ihrer Liebe heraus. Sie wollten es beide nicht.

Seit jenen Herbstabenden sind viele Liebespaare durch das Generalloch gegangen. Das unerreichbare Jahrtausend hat seine Erreichbarkeit übertreten. Ob es die beiden mit den zerhackten Hoffnungen noch gibt, ist ungewiss. Es lag so viel Mühe im Zerhacken und im Bündeln und im Wegwerfen der Hoffnungen. Und wenn das Gefundenwerden im neuen Jahrtausend sich erst findet, dann müssten die beiden, falls es sie noch gäbe, schon alt sein.

Dann stehen sie sich vielleicht eines Tages vor dem Generalloch gegenüber. Es ist weiß getüncht und ohne Plakate links und rechts an der Wand. Er wird im Schatten des Durchgangs stehen oder sich eher an den Durchgang lehnen, vielleicht auf einen Stock gestützt. Sie wird sich zögernd zaghaft auf ihn zu bewegen. Ihre Lippen werden sich fast berühren. Es wird ein Kuss der Berührungslosigkeit. Und wieder schütteln die Leute den Kopf. Entrissene Zärtlichkeiten sind nicht üblich in diesem Alter. Das Schwalbennest ist leer. Die Schwalben sind in den Süden geflogen. Doch die beiden, falls es sie noch gäbe, nehmen sich an der Hand und gehen durchs Generalloch. Sie treten in ihre Liebe ein. Und sie wissen beide nicht, ob sie es wollen.

Generalloch

Die Lügenbrücke

Einst verband eine Holzbrücke den Kleinen Ring mit der evangelischen Stadtpfarrkirche am Huet-Platz. Seit 1859 ist es eine gusseiserne, nicht auf Pfeilern gebaute Brücke. Eine liegende Brücke. So könnte die Brücke geheißen haben: Liegenbrücke. Wie daraus die Lügenbrücke wurde, ist ungewiss. Zufall oder phonetische Umwandlung?

Die in der Friedrichshütte bei Laubach in Hessen gegossene Brücke ist ein Schmuckstück und ihres Zeichens die älteste gusseiserne Brücke Rumäniens.

Wie ein Collier ziert das Tragwerk mit Rosetten und einer Bordüre mit kreisförmigen und neugotischen Pflanzenornamenten und Mustern die Brücke. An der Südseite ist das Hermannstädter Wappen angebracht.

Dort, wo heute im Blickpunkt der Lügenbrücke das Schatzkästchen steht, roch es in meiner Kindheit nach verfaulten Tomaten. Das Areal hat sich wie Eliza Doolittle aus My Fair Lady verwandelt.

Heute heißt es, dass junge Paare über die Brücke spazieren und sich ewige Treue schwören. Ob es wohl stimmt? Die Generation, die in der Mitte des vorigen Jahrhunderts geboren wurde, hat sich nicht auf der Lügenbrücke die Treue geschworen. Wir waren naturverbundener und bevorzugten den Erlenpark oder die Allee.

In meiner Kindheit war die Lügenbrücke Bedrohung schlechthin. Einstürzen würde die Brücke, so die Aussage meiner Großmutter, wenn einer gelogen hat und über die Brücke ging. Mein Schulweg führte durch die Saggasse, über die Sagstiegen und die Lügenbrücke.

Lügenbrücke

Das Risiko war zu bedrohlich. Ich wählte einen anderen Weg. Zu oft schien die Brücke zu schwanken, zu oft verwandelten sich Wahrheiten in Lügen oder Lügen wurden als Wahrheiten verkauft. Manchmal schien die Brücke so leer. Und wichtige Personen schienen die Brücke zu umgehen.

Ich fragte, ob die Brücke einstürzen würde, wenn man unter ihr durchginge. Darauf erhielt ich keine Antwort. Als Mutter erzählte ich meinem kleinen Kind natürlich auch die Geschichte der Lügenbrücke. Und ich erinnere mich an kleine warme Kinderhände, die mich sanft wegzogen, wenn wir uns der Lügenbrücke näherten.

Schmiedeeiserne Lampen an den vier massiven Steinsockeln der Brückenpfeiler bringen vielleicht Licht in die Dunkelheit, bringen die Lügen ans Tageslicht, die in dieser Brücke ein Zuhause gefunden haben.

Ein Café neben der Lügenbrücke. Ein heißer früher Sommernachmittag. Ein Kind an der Hand der Großmutter. Was ist Lüge, was ist Wahrheit?

Ein Blick in die Kindheit

Wenn ich aus dem Tor kam, fiel mein Blick auf den Turm der evangelischen Kirche. Die Uhr speicherte die Zeit ihrer Bewohner, auch meine. Ein Pfandhaus, in dem die Zeit abgegeben wurde und die Illusion, diese Zeit irgendwann im Alter wieder einzulösen.

Das Tor war braun mit abblätternder Farbe. Tagsüber war es unverschlossen, doch wenn die Dämmerung unbemerkt wie ein Dieb entlang der Häuser huschte, wurde das Tor abgeschlossen.

Ich stehe vor dem Tor. Es ist nun auch tagsüber abgeschlossen. Die Fenster des Hauses haben ihre Augen geschlossen. Müde braune Läden mit Sprossen wehren fremde Blicke ab. Die beiden Fenster, wo Pauli gewohnt hatte, ebenfalls zu. Da hat Pauli gewohnt. Und wohnt noch immer da, bewegt sich eine Stimme auf mich zu. Der Fensterladen wird wie von Geisterhand aufgestoßen. Ich weiche einen Schritt zurück. Ein alter gebeugter Mann steht im Fensterrahmen. Eine Katze springt auf das Fensterbrett. Pauli hebt die Hand. Nein, will ich schreien. Das Nein plumpst in meinen Magen, mir wird schwarz vor den Augen. Pauli wirbelt das Kätzchen durch die Luft. Es fällt mit dem Kopf auf das Dach der Garage, das Hirn spritzt nach allen Seiten. Schwarze Nacht wird um mich herum.

Pauli streichelt das Kätzchen. Bist du es, fragt eine Stimme, die nicht zu Pauli gehört. Ich begebe mich auf Spurensuche in Paulis Gesicht. Schütteres Haar, ein fast zahnloser Mund. Resignation, vielleicht auch Reue.

Das braune Tor wird geöffnet. Der alte Briefkasten aus Sperrholz hängt noch immer an der Innenseite des Tores. Der Hof ist zubetoniert. An den Wänden ranken sich Trauben. Der Kanal steht noch am selben Platz. Wo einst die Werkstatt des Großvaters stand, nun eine

Wohnung. Die graue Türe der Speisekammer mit dem verwitterten
Schriftzug Spei. Der letzte Buchstabe fehlt. Schicksale, die geflüchtet
sind. Schicksale, die auf der Flucht ihre Beine verloren haben. Schicksale, die sich in Katzenkörper zurückgezogen haben.

Die Wohnung meiner Eltern nun von Fremden bewohnt. Recht-
schaffene Leute. Gott wohnt mit uns in dieser Wohnung, sagt die
Frau. Es sind fromme Leute, „Bekehrte". Nur der schwarze Flügel
erinnert wie der Augenaufschlag eines Vogels an meine Kindheit. Die
Frau nimmt mich an der Hand. Sie führt mich in den Keller. Drückt
mir ein Glas Aprikosenmarmelade in die Hand.

Pauli verfolgt die Begegnung mit den fremden Leuten. Gesindel,
murmelt er. Die Katze streift um Paulis Füße. Ich stehe auf der Straße vor dem Tor. Die Turmuhr kann sich vor der bald untergehenden
Sonne nicht retten. Die Abendsonne vergoldet die Zeit.

Wie lange bleibst du, fragt Pauli. Komm wieder, bitte. Ich komme wieder, sagt meine Stimme und ich weiß, dass ich nie mehr hierher
kommen werde.

Eckhaus in der Unterstadt

Treppen

Vor der Sagstiege bleibe ich stehen. Mein Blick reißt sich von mir los, flieht in die Oberstadt. Das linke Auge hüpft die Stufen der Sagstiege hoch. Das rechte Auge nimmt Reißaus auf der Pempflinger Treppe. Die Sagstiege ist lang und steil, ein geheimnisvoller Bogen nimmt einen, oben angekommen, in Empfang. Am Fuße der Pempflinger Stiege liegt der „Butoiul de aur". Als Kind beschleunigte ich meine Schritte. Betrunkene torkelten die paar Stufen vom „Butoiul de aur" herunter. Es roch nach schalem Bier, Pflaumenschnaps und billigem Wein. Der Geruch des Alkohols wehte wie ein zerrissenes Hexenkleid die Treppen hinauf, ließ Füße straucheln. Manch einer von den Betrunkenen ist dann doch noch die Treppe hochgefallen. Heute ist der „Butoiul de aur" (Goldenes Fass) ein Vier-Sterne-Restaurant mit rumänischer und internationaler Küche. Ein Alkoholiker nach einer Entziehungskur. Ein Stück vom Totenbett auferstandenes Hermannstadt.

Als Kind ordnete ich diesen beiden Treppen der evangelischen und der katholischen Kirche zu. Die Sagstiege war die evangelische Treppe. Die Treppe der Großmutter, die in die evangelische Kirche ging. Die Pempflinger Stiege war die katholische Treppe, die Treppe des Vaters, der in die katholische Kirche ging.

Die Sagstiege war die Treppe der Grundschule, die in die Reispergasse führte, die Pempflinger Stiege war die Treppe des Lyzeums, die in die Brukenthalschule und ins Gheorghe-Lazăr-Lyzeum führte.

Die Burgerstiege führt in die Burgergasse und die Fingerlingsstiege auf den Fingerlingsplatz, der rumänisch Piaţa Aurarilor heißt (Platz der Goldschmiede). Da liegt die gesammelte Stille der Stadt.

Burgerstiege

Da werde ich gewarnt zu wohnen. Sie sind doch Hermannstädterin, sie wissen doch, die Zigeuner. Ich weiß es nicht. Ich wusste es nie. Winzigkleine Läden, eine Art Tante-Emma-Läden.

Auf der Fingerlingstreppe ein mit einer Gittertüre verschlossener Laden. Träume werden da verkauft.

Hinabsteigen in die Träume der Kindheit. Treppen, die in die Erinnerung führen. Stufen in die Vergangenheit. Stiegen ins Vergessen. Stufen der Geschichte. Abgetreten, ausgebrochen, verbröckelt. Treppen, die ans Licht führen, Stufen zur Entdeckung, Stiegen ins Helle.

Vorbeischweben der Jugend. Es sind die besten Jahre gewesen. Die alte Frau mit den schweren Einkaufstaschen. Das sich gegenseitig stützende Paar. Das kleine Kind vor den steilen Treppen.

Treppe der Kindheit, Einstieg in die Jugend, Leichtigkeit des Aufstiegs, mühsam einen Fuß vor den anderen setzen. Stufen des Lebens. Treppen Hermannstadts.

Im Schatten der Kindheit

Hermannstadt schläft einem Sonntagvormittag entgegen. Meine Füße sind wach, mein Kopf ist festgezurrt in Träumen. Die Schatten der Kindheit eilen voraus. Ich hinke hinterher. Die Luft ist schon heiß. Im Astra-Park ist kein Mensch. Schwere kleine, wilde, schwarze Kirschen im Schoße Schatten spendender Bäume hoffen diesen Tag noch an den Stielen zu überstehen. Samtluft aus Sommer gesponnen durchtrennt die Seile meiner Träume. Sie fallen zu Boden. Schatten treten darauf. Liturgischer Gesang erklingt aus der orthodoxen Kirche in der Fleischergasse. Meine Füße wollen den Poschenberg hinuntergehen. Schlafende Häuser, die sich den wärmenden Sonnenstrahlen entziehen. Auferstehung der Vergangenheit. Die Kempelgasse neu asphaltiert. Nun dürfte sie nicht mehr Kempelgasse heißen. Als Kind habe ich diesen Namen mit Hexen in Verbindung gebracht. Später habe ich dann irgendwo gelesen, dass der Name wohl von den Einwanderern mitgebracht wurde und dass im Moselfränkischen „Kempel" soviel wie „Tümpel" bedeutet. Und so war die Gasse auch in meiner Kindheit. Voller Pfützen.

Quälende Blicke verletzter Dachaugen nach unten. Zurück zum Philosophengang. Da sollen früher studierende Leute mit dem Buch in der Hand auf und ab gewandelt sein. Mein Kindheitsschatten hat es plötzlich eilig. Wie damals, als ich nicht schnell genug zum Strandbad gehen konnte. Festgekrallte Bewegungslosigkeit an alten Häusern. Gegenüber das Lungensanatorium. Auch hier scheint der Sonntagmorgen alles Lebende verschluckt zu haben. Plötzlich drehe ich mich um. In meinen Blick fällt der Turm der evangelischen Kirche. Für wenige Augenblicke ist es mein Turm, an dem sich die Schatten festklammern. Dann öffne ich die Augen und gebe den Turm der

Stadt zurück an den Ort, wohin er gehört. Der fremde Blick und der vertraute Turm waren eins. Der fremde Blick eilt mit den Schattenfüßen zurück in die Kempelgasse und von da in die Entengasse. Es ist nicht mehr weit bis zum Tor meiner Klavierlehrerin. Der Zeigefinger der linken Hand ist schon auf dem H, der Ringfinger positioniert sich auf dem G. Rechter Daumen auf dem G. Ich flüchte aus den Tönen in Worte. Das Tor, durch das ich in die Wohnung von Mitzi Klein Hintz gehen musste, bleibt einen Spalt breit offen.

Ich stehe in der Schmiedgasse vor dem Milchladen Doina, verwandele mich in das neunjährige Mädchen, das die Straße überqueren musste. Gegenüber war damals der Busbahnhof, die RATA. Es herrschte emsiges Treiben. Im ersten Tor der Schmiedgasse die Ballettstunden bei Rosemarie Müller. Eine schöne, junge, schlanke Frau mit blonden hochgesteckten Haaren und flachen Schuhen, die Ballerina hießen. Und kleine Mädchen rund um die Ballettlehrerin, die alle später einmal wie sie sein wollten. Füße im rechten Winkel.

Der schmerzvolle Weg durch die Kälbergasse. Die Spuren meiner Füße hat der Gehsteig für immer verschluckt. Die Kälbergasse gehört an diesem Morgen nur mir und den Gespenstern der Vergangenheit, die aus den Häusern stürmen. Das Haus, in dem der kleine Werner wohnte, der heute ein Hotel leitet. Das Haus, wo die Familie Dietrich ihr Zuhause hatte und wo wir die pastellfarbenen Fondantzuckerl zu Weihnachten bestellten. Das Haus der Familie Zeier mit den drei Töchtern, die nach Israel ausgewandert sind. Mirka, die mittlere Tochter, die ihr Medizinstudium abbrechen musste, weil die Familie den Pass für Israel beantragt hatte. Von ihr habe ich Rumänisch gelernt. Links das Haus der Familie Draser. Im Fenster die alte Frau Draser immer zu einem kleinen Plausch bereit. Die Schatten ziehen an mir. Ich bewege mich auf einem gefährlichen Pflaster.

Pempflingergasse

Das Tor

Ich stehe vor dem Tor und trinke Erinnerungen in kleinen Schlucken. Langsam bewegt sich meine Hand auf die Torklinke zu, zuckt vor der Berührung zurück. Etwas beginnt wie Blut in einer Wunde zu pochen. Die um mich herum stehenden Bäume wissen alles. Sie haben das Gesehene in ihren Jahresringen gespeichert. In welchem Jahresring ist meine Geschichte drin? Ich verbinde das Tor mit einer Gestalt, die verschmilzt. Die Gestalt wird Gegenwart. Die Gegenwart holt Fetzen der Vergangenheit hervor. Es entsteht eine Patchworkdecke. Ich werfe sie mir um. Verwandele mich. Spüre eine Hand auf meinen Schultern. Wie damals, als wir Milch für Champagner hielten. Das Tor hat sich wie eine schwere Last auf meine Schultern gelegt, und ich dachte, es sei eine Hand.

Das Tor hat einen Schlitz, der offen steht und nicht geschlossen werden kann, wie ein Mund, der sich nie schließt, wie ein Mund, der darauf wartet, dass er etwas zu spüren, zu kosten, zu trinken bekommt. Je länger ich den Briefkastenschlitz anstarre, desto weiter öffnet er sich. Er öffnet sich so weit, dass er selbst zum Tor wird. Die Gier tropft ihm aus den Mundwinkeln. Er muss vor Jahren meine Briefe verschluckt haben. Briefe prall gefüllt mit hellgrünen Gefühlen, wie Kastanienbäume im Frühling. Meine Briefe lagen im Bauch des Briefkastens und warteten nur darauf, befreit zu werden von jenen Händen, die zum Kopf gehörten, dem meine Gedanken zuflogen. Wie befreit muss sich der Briefkasten gefühlt haben, wenn die Briefe entnommen und aufgeschlitzt wurden, wenn das Gesagte wie die Innereien eines entzündeten Bauches hervorquoll. Auch meine Gefühle entzündeten sich damals, eiterten, infizierten mein Denken und Handeln, ließen

Altes Tor

die Wunden nicht heilen, die kein Messer mir zufügte, sondern Worte, einfach Worte, die manchmal nicht ausgesprochen wurden, stumme Worte. Ich fürchtete von jeher die Stummheit der Worte.

Das Tor erzählt Geschichten an diesem Sonntagmorgen im Juli. Eine davon ist meine Geschichte. Es ist die Geschichte der stummen Worte, der eiternden Jugendliebe. Die Zeit hat wie ein alter Reisig- besen die Geschichten weggekehrt. Geschichten zwischen dem Staub der Jahre, den trockenen Blättern des kommenden Herbstes, Ge- schichten, die Narben hinterlassen.

Ich werfe einen letzten Blick auf das Tor. Ich versuche, mich an die Nummer darüber zu erinnern. Sonnenstrahlen prallen an mir ab. Die Patchworkdecke gleitet an mir hinunter. Sie entblößt eine tiefe rote Narbe aus stummen Worten.

Der Astra-Park

Als Kind verband ich drei Dinge mit dem Astra-Park: die Bibliothek mit der Welt der Bücher, mit den Geheimnissen und noch unentdeckten Seiten des Lebens, mit der brennenden Neugierde des Kindes, mit der Herrlichkeit, die die Bücher preisgaben. Schritte, die leiser und langsamer wurden, wenn sie die Treppen zur Bibliothek hochstiegen. Das Glück, mit Büchern in der Hand die Bibliothek wieder zu verlassen. Karteikarten, die sich mit Namen füllten. Das Gebäude war das Palais der Astra-Gesellschaft und wurde im Jahre 1905 eingeweiht. Neben der Bibliothek gab es einen Theatersaal, den ersten rumänischen Theatersaal. Es war immer schwer, das Portal zu öffnen, das von zwei Atlanten flankiert wird. Heute wird der reich verzierte Theatersaal als Lesesaal genutzt.

Mit dreizehn Jahren habe ich den Namen Tolstoi zum ersten Mal gehört. Eine Verwandte von ihm soll auf dem Hermannstädter Friedhof begraben sein. Und ein Buch soll er geschrieben haben, eines von vielen, mit dem Titel „Anna Karenina". Die Bibliothekarin blickt skeptisch. Ich bleibe standhaft. Die Frau seufzt. Das ist doch nichts für dich. Dann lässt sie sich erweichen. Mit dem Buch unter dem Arm verlasse ich die Bibliothek. Es ist das erste Buch, das ich in rumänischer Sprache lese.

Durch den Astra-Park führt auch der Weg ins Krankenhaus, ins Spital, ins Luther-Spital, ein mit barocken Motiven verziertes Gebäude. Damit verbinde ich weniger angenehme Erinnerungen. Als ich neun Jahre alt war, wurden mir die Mandeln entfernt. Sie waren riesig groß und voller Eiter, obwohl ich nie Halsschmerzen hatte. Dem Arzt hatte ich das Versprechen abgenommen, dass es bei den Mandeln bleibe, die Polypen in der Nase sollten da drin bleiben. Der Arzt hatte es versprochen. Die Lokalanästhesie hat gut gewirkt. Ich hielt eine Schüssel in der Hand, während der Arzt herumschnippelte. Dabei sang er Opernarien. Er wäre ein guter Sänger geworden. Als er „La donna è mobile" anstimmte, machte es zweimal „Knack" und schmerzte und die Polypen waren draußen. Ich blickte wütend, und der Arzt beendete die Opernarie und die Operation.

Im Winter vor dem 1. Januar wurde der Winterbaum im Astra-Park aufgestellt. Da gab es Orangen zu kaufen. Nicht immer und auch nicht in Hülle und Fülle, eher zufällig und in kleinen Mengen.

Heute ist der Astra-Park mit einem neuen Brunnen ausgestattet, und Spielernaturen können ihrer Spielerleidenschaft am Schachbrett frönen. Das tun sie schon in den frühesten Morgenstunden. Unbeteiligt sehen die Statuen rumänischer Persönlichkeiten zu. Timotei Cipare, Gründungsmitglied der rumänischen Akademie, der Dichter und Revolutionär Andrei Mureşan, der aromunische Metropolit Andrei Şaguna, der Politiker und Journalist Gheorghe Bariţiu, der rumänische Schäfer Badea Cîrţan Gheorghe, der etwa 200 000 rumänische Bücher aus der Walachei über die Karpaten nach Siebenbürgen geschmuggelt haben soll, der Advokat Emanoil Gojdu, Ioan Slavici, von dem wir in unserer Schulzeit nicht wussten, dass er die Juden als eine Krankheit bezeichnete, und der Zeit seines Lebens aufgrund seiner politischen Haltung Dauergast in den Gefängnissen war, und nicht zuletzt Octavian Goga, der nicht nur Dichter, sondern auch Ministerpräsident und Freimaurer war. Die heutige Freimaurerloge in Hermannstadt trägt seinen Namen. Auch die Büste Gheorghe Lazărs, der ein bedeutender rumänischer Pädagoge, Schriftsteller und Theologe und ein Protegé Samuel von Brukenthals war, befindet sich im Astra-Park.

Astra-Park

Wohltuend spenden die Bäume an heißen Sommertagen Schatten, und die Büsten beobachten das Geschehen unter Bäumen, die klingende lateinische Namen wie Cerasus avium, zu Deutsch Vogelkirsche, oder Quercus robur, zu Deutsch Stiel-Eiche, auch Sommereiche oder Deutsche Eiche genannt, tragen.

Zwischen dem Astra-Palais und dem neuen Gebäude der Bibliothek befindet sich die ehemalige Mädchenschule, die in eine Schule für Hörgeschädigte umgewandelt wurde. Das Gebäude präsentiert sich in einem angenehmen Gelbton.

Der Astra-Park wurde 1879 vom Hermannstädter Verschönerungsverein gegründet und trug ursprünglich den Namen Soldisch-Park (gegeben durch die Nähe zur Soldisch-Bastei).

Die Fleischergasse

Das Gebäude Nr. 1 in der Fleischergasse ist die Banca Oasia, 1926 erbaut. Mitten in den fünfziger Jahren hörte ich so oft vorbeieilende Erwachsene rufen: Bei der Banca Oasia gibt es Öl, denn in dieser Zeit war es keine Bank mehr, sondern ein Lebensmittelladen.

Ich gehe durch die Fleischergasse, wo ich den Kindergarten besucht habe. Meine Blicke fielen immer nach unten, um den rechten Weg zu finden, keinen falschen Schritt zu machen, nicht zu stolpern und ins Straucheln zu geraten. Heute, nach so vielen Jahren, hebe ich meinen Blick, lasse ihn an den Wänden und Fassaden hochklettern, an abblätternden Farben, am schlanken Turm der reformierten Kirche, die ich nie betreten habe. Erbaut wurde sie vom Maurer Samuel Krempels und vom Zimmermann Johannes Schneider. Nachdem sie 1786 fertiggestellt worden war, fiel sie wiederholt Erdbeben und Blitzschlag zum Opfer. Nicht so die beiden starren Damen. In ihrem steinernen Dasein ist der Gleichmut der Karyatiden durch nichts zu erschüttern. Das Haus, vor dem sie stehen, wurde ebenfalls 1786 von der Witwe des Grafen Georg Bethlen erbaut, an der Stelle, wo das Haus stand, in dem der Goldschmied Sebastian Hann (1644–1713) gewohnt hatte.

Ein Fixpunkt der Fleischergasse ist das Postgebäude. Es steht da wie eh und je. Eine verwitterte Sonnenuhr liegt ermattet über der Türe. Sie speichert die Nachrichten der nie angekommenen Botschaften aus guten wie aus schlechten Zeiten. Ein Stück Postgeschichte im neuen Zeitalter des E-mail-Verkehrs. Das Postgebäude existiert seit dem 1. Oktober 1904. Wie so viele Straßen Hermannstadts ist auch die Fleischergasse eine Einbahnstraße.

Etwas weiter auf der linken Seite präsentiert sich dem Auge des
Besuchers die orthodoxe Kathedrale. Die einst davor stehenden Schat-
ten spendenden Bäume sind verschwunden. Im ersten Augenblick
stelle ich fest, dass etwas fehlt, dann weiß ich, dass es die Bäume sind.
So steht die Kathedrale nackt da. Ein Stück Byzanz im einst sächsischen Hermannstadt. Ein Prachtbau, nach dem Modell der Hagia
Sophia in Istanbul erbaut. Die beiden Türme am Haupteingang sind
45 Meter hoch und wie auch die Kuppel mit Kupferblech bedeckt.
Die Kreuze der beiden Türme sind 1,50 Meter hoch; sie wurden in
Hermannstadt angefertigt und in Wien vergoldet. Der Maler Octavian Smighelski wurde beauftragt, die Heiligenbilder zu malen. Der
Bau war in meiner Kindheit einfach da, eine gewisse Distanz drängte
sich zwischen das Gebäude und mich. Das Fremdartige zog mich an
und hielt mich fern. Als Kind habe ich diese Kirche nie betreten. Die
fehlende Orgelmusik machte mir Angst. Heute entdecke ich als Besucher dieser Stadt ein Stück Kultur- und Religionsgeschichte am Ort
meiner Kindheit und Jugend. Ein Stück Glauben im Christentum.

Weiter auf der rechten Seite die Johanniskirche und das frühe-
re Waisenhaus, mit deren Bau 1883 begonnen wurde und die 1912
fertiggestellt wurden. Architekt war Josef Bedeus von Scharberg. Im
damaligen Waisenhaus hat heute das Kultur- und Begegnungszent-
rum Friedrich Teutsch seinen Sitz. Im Hof befindet sich das Bücher-
café Erasmus. Eine Oase Ruhe Suchender und Lesefreudiger. Begeg-
nungsort Ausgereister und Hiergebliebener. Treffpunkt zeitweilig hier
Wohnender und Besucher. Verbindungsstelle Zurückgekehrter und
verwaister Seelen.

Postgebäude in der Fleischergasse

Lebensrahmen

Jedes Bild benötigt einen Rahmen. Jedes Menschenleben wird um-
rahmt. Mein erster geographischer Rahmen war Hermannstadt, die
Stadt am Zibin, angelehnt an die Karpaten im Süden. Die Gipfel
fast immer schneebedeckt. Versteckt hinter Wolkenspielen. Bei he-
rannahendem Wetterumschwung auf die Stadt zukommend. Die
Gebirgskette zum Greifen nah. Löcher in das Blau des Himmels
bohrend.

Die Stadt führte mich durch die Jahreszeiten. Sie führte mich
durch enge Gassen mit hohen verwitterten Mauern, die in der Kindheit noch höher waren als in Wirklichkeit. Rückblickend ist es die
Überschaubarkeit dieser Stadt, die mir eine gewisse Sicherheit verlieh. Es war die erste Bühne meines Lebens, mit größeren und klei-
neren Auftritten, mit Gemäuer und Steinen voller Geschichte und
Geschichten, mit vielen Hauptakteuren und einer Menge Statisten.
Die dort verbrachte Zeit, die Zeit in jenem Lebensrahmen, ließ alten
Glanz vermuten, und die Trostlosigkeit dieser Jahre wurde übertüncht
durch die eigene Sturm-und-Drang-Zeit. Es war die Stadt, in der die
Kastanienbäume anders im Frühjahr grünten. Das Grün war heller
und plötzlicher, und unsere Ideale entzündeten sich an den blühenden Kastanienkerzen. Im Winter fiel der Schnee leiser und weicher
und vergrub Wünsche und Hoffnungen, Schmerzen und Leid oder
bewahrte die Freude, bis er schmolz. Schneeberge türmten sich entlang der Gehsteige. Die Sommer im Hermannstadtrahmen waren
heftiger und heißer als anderswo und die Blumen ertranken in ihrer

Ratturm

Buntheit. Und der Herbst war eine einzige Liebeserklärung der Natur. Die Laubbäume fielen in schwere Farbtöpfe, die Blätter suchten Halt an den Ästen. Jetzt, im Herbst meines Lebens, blicke ich zurück auf die ferne Stadt. Und die Bilder umgarnen meine Gedanken und Gefühle.

Bilder benötigen manchmal einen neuen Rahmen. Menschenleben werden neu eingerahmt. Doch jener erste Rahmen lässt eine leise Wehmut zurück wie die erste Liebe im Leben.

Wir brauchen einen Rahmen, um nicht aus uns herauszufallen. Der Rahmen kann auch brüchig werden, entzweibrechen oder verloren gehen.

Ich habe meinen alten Rahmen aufbewahrt. Er trägt die Patina der Zeit. In Augenblicken der Stille verschwinde ich in diesem Rahmen, der so brüchig ist, dass das R und das h herausgefallen sind. So bleibt von meinem ersten Lebensrahmen AMEN übrig.

Die Stadt am Zibin

Hermannstadt, so die deutsche Bezeichnung, liegt am Zibin, lässt vom Fluss in seinem Namen nichts erahnen. Anders das ungarische „Nagyszeben" oder das rumänische „Sibiu". Zwei Quellflüsse haben den Zibin geboren, im Zibinsgebirge, in den rumänischen Südkarpaten. Sie führen die Namen Râul Mare (zu Deutsch „großer Fluss") und Râul Mic (zu Deutsch „kleiner Fluss"). Irgendwann trieb es diese beiden Flüsse zueinander, sie vereinigten sich und trugen fortan den Namen Zibin, der slawischen Ursprungs sein soll. Sie liebten sich noch einmal bedingungslos beim Durchfließen des Stausees bei Gura Râului, um dann gemächlich, ohne Höhen und Tiefen, ihr weiteres Leben gemeinsam vereinigt 82 Kilometer zu fließen. Dann übergeben sie bei Talmesch ihr weiteres Schicksal den Fluten des Alts, der Aluta.

Der Zibin ist kein dramatischer Fluss. Bloß in Neppendorf beim Wehr schäumt er und bäumt sich auf und forderte in der Vergangenheit in heißen Sommern seinen Tribut. Dann ging ein Raunen durch die Stadt, denn manch einen jungen abenteuerlichen Hermannstädter hat der Sprung vom Wehr das Leben gekostet.

Für gewöhnlich gibt sich der Zibin eher unauffällig. In Zeiten der Dürre verkommt er fast zu einem Rinnsal. Von Trauerweiden lässt er sich zeitweise begleiten, so als ob er schon die Trennung von Hermannstadt vorausahne. Einst haben hohe Pappeln das Ufer gesäumt, doch sind sie irgendwann der Axt zum Opfer gefallen. Bei zwei deutschen Straßennamen hat der Zibin Pate gestanden: der Zibinsgasse und der Flussgasse. In der rumänischen Sprache gibt es noch einen dritten Namen: die Ufergasse (Strada Malului).

Bei der Einfahrt nach Hermannstadt aus dem Westen, von Neppendorf, kommend, wird man des Flusses das erste Mal gewahr. Eine
moderne Brücke überquert ihn und fast wird er zur Nebensache zwischen McDonald's, Busbahnhof, Lidl und Benzinstation. Das Pano-
rama rechter Hand mit dem Zibinsgebirge lässt einen den Blick nach
unten vergessen. Biegt man nach der Brücke nach links ab, folgt man
dem Flusslauf. Die alte Holzbrücke wird durch eine neue moderne
Brücke ersetzt. Am Zibinsmarkt führt die Eisenbrücke über den Zibin, auf die Konradwiese. Am Ende der Zibinsgasse führt die Steinbrücke ins Theresianum.

Beim großen Hochwasser im Jahre 1970 blieb der Zibin in Her-
mannstadt in seinem Bett, richtete keinen größeren Schaden an. Das
Wasser schwoll bedrohlich an und lockte neugierige Bewohner der
Stadt an seine Ufer.

Auf dem Zibin verkehren keine Schiffe, auch keine Boote. Es waren nur Gedanken und Wünsche, Sehnsüchte und Hoffnungen, die
auf dem Wasser pendelten. Manch ein Wunsch versandete im seichten
Wasser, manch eine Hoffnung lief auf Grund. Und die Sehnsüchte
wird es immer geben, wenn auch fest in Gedanken verschnürt.

Zibin mit Trauerweiden

Die Heltauergasse

Die Hauptschlagader der Stadt – die Heltauergasse. Die Straße zwischen Großem Ring und Quergasse. Die Heltauergasse im Wandel der Zeiten. Erstmalig urkundlich erwähnt als Platea Heltensis im Jahre 1492, dem Jahr, als Kolumbus Amerika entdeckte, kann anhand der Namensänderungen die jeweilige politische Einstellung abgelesen werden. Im Jahre 1917 heißt die Straße Franz Joseph, von 1919 bis 1947 Regina Maria (Königin Maria) nach der ersten rumänischen Königin, ab 1947 dann J. V. Stalin und nach 1970 Nicolae Bălcescu. Doch immer wurde sie Heltauergasse genannt. Einst war das Ende der Heltauergasse das Heltauer Tor, das ganze Generationen nur noch vom Hörensagen kennen. Ab 1775 präsentiert die Straße sich im gepflasterten Zustand. Von 1905 an prägte die Straßenbahn das Stadtbild. Hier fuhr sie etwas langsamer, um die Flanierenden nicht umzufahren oder zu überfahren. Zur Heltauergasse gehörte seit eh und je der „Römische Kaiser", genauso wie das gegenüberliegende Kaufhaus, das „Universal" hieß. Nach der Wende wurde es umfunktioniert, war dann eine Art Kaffeebar und scheint nun dem Pleitegeier zum Opfer gefallen zu sein. Etwas weiter gab es die Buchhandlung „Cartea rusă", die mit Büchern unsere Träume nährte und unseren Wissensdurst stillte. Nicht wegzudenken aus der Heltauergasse ist der Sitz der Telefongesellschaft, der „Telefoane". Heute steht ein schicker Brunnen davor.

Doch auch der Lebensmittelladen „Floaşiu" war fester Bestandteil der Heltauergasse. Ilie Floaş, der es zu Reichtum und Wohlstand gebracht hatte, stammte aus der sogenannten Mărginime. Er erwarb das Gebäude Ecke Heltauergasse / Ilie Papilian Gasse, und das Parterre wurde zu einem Laden umfunktioniert. Später übernahm sein

Heltauergasse

Sohn, Ilie Floaş, der in Wien und Leipzig die Handelsakademie besucht hatte, den Laden. Als 1947 König Michael I. abdanken musste
und am 11. Juni 1948 die Verstaatlichung stattfand, beging Ilie Floaş
Selbstmord. Sein Laden überdauerte die Zeit und den Umsturz 1990,
wenn auch offiziell unter verschiedenen Namen: Central, Alcomsib
und in unseren Tagen Billa.

Etwas weiter gibt es auch heute noch die Theateragentur. Das
Pacea-Kino gehörte hierher mit den davor stehenden Kürbiskernver-
käufern und den knarrenden Stühlen drinnen. Heute hat dort ein Laden mit italienischer Mode Unterschlupf gefunden. Gegenüber gab es
einen Lebensmittelladen, den „Merkur" mit Spezialitäten wie Frosch-
schenkel (die damals „pui de baltă" hießen). All das verschwand, als
die große Krise auch vor der Heltauergasse nicht haltmachte. Einen
Schuhladen gab es hier, der „Antilopa" hieß und wo es die besten rumänischen Schuhe der Marke Guban zu kaufen gab, wenn auch nur
wenige Modelle und zu einem sündhaft teuren Preis. Später wurde
der Laden zu einer Bildergalerie mit Kunstgegenständen umfunktioniert. Heute ist es eine Art Café. Auf der linken Seite gab es am Ende
das Bierlokal „Eule" und nebenan die Konditorei „Trandafirul Roşu"
(„Rote Rose") mit Ischlern und Doboschtorte und Cremeschnitten.
Die „Rote Rose" ist nun ein Klamottenladen. Das letzte Gebäude auf
der linken Seite hieß „Prima Ardeleană", und im Erdgeschoss befand
und befindet sich die Apotheke Nr. 24. Ein Stück Stetigkeit in der
Heltauergasse.

Früher, so heißt es, flanierten die Deutschen auf der einen Seite
des Korsos und die Rumänen auf der anderen Seite. Ich habe das nicht
mehr erlebt. Am Abend belebte sich zu meiner Zeit die Straße, man
suchte und man traf sich, man flanierte, auch wenn man dieses ver-
neinte und vorgab, auf dem Weg irgendwohin zu sein.

Am Morgen fuhr das Spritzauto durch die Heltauergasse. Es roch dann nach Sommer und nach Hermannstadt. Die Straßenkehrer schwangen mehr oder weniger schwungvoll die Reisigbesen, wirbelten viel Staub auf, das die Schaufenster der Starfotografin Lukardi, in dem sich der abgelichtete Nachwuchs befand, bedeckte.

Heute reiht sich Lokal an Lokal, und davor gibt es unzählige Tische und Stühle und Bänke. Laut Bestimmung des Bürgermeisteramtes sind die Sonnenschirme in einem dezenten Beige zu halten. Touristenströme mischen sich unter die Hermannstädter. Man trinkt „un fresh de portocale" (frisch gepressten Orangensaft) oder Limonade in Glaskrügen, Café frappé, Bier oder Mineralwasser. Die Starkonditorei heißt „Redal", und die Doboschtorte erinnert an alte Zeiten. Apfelstrudel wird nach Gewicht verkauft.

Heltauergasse, die Hauptschlagader der Stadt. Vergessene Namen der vorigen Generation klingen noch im Ohr. Das Blumengeschäft Malmer Zink, das Stoffgeschäft Breitenstein, das Geschäft des Hutmachers Konnerth, die Zeit in den Uhren richtete der Kovacs oder später der Emizi Höchsmann.

Ein Schlendern durch die Heltauergasse ist immer eine Konfrontation mit der Vergangenheit. Die deutsche Sprache hat sich in die Luken der Häuser zurückgezogen. Ab und zu hört man ein deutsches Wort, doch meistens ist es nicht das Hermannstädter Deutsch. Ich gehe durch die Straße und blicke in jedes Gesicht. Bekannte Züge schälen sich heraus. Blaugraue Augen in einem faltigen Gesicht. Eine einst schlanke Figur mit einem jetzt schwerfälligen Schritt. Dann doch ein Gesicht, das ich kenne. Das ich einst gekannt habe, ein bekanntes Gesicht. Wir fallen uns in die Arme. Bist du es? Nach so vielen Jahren. Und keine Veränderung. Die rumänische Redensart fällt mir ein: „Belüge mich, doch sag mir süße Worte." Vielleicht ist das auch eine Art Wahrheit des Wiedersehens.

Marktschauspiel

Dienstag und Freitag bot sich der Bauholzplatz, wie die Hermann-städter den Markt am Zibin früher nannten, herausgeputzt wie ein seinen Bräutigam suchendes Mädchen an. Denn Dienstag und Frei-tag war Markttag und schon am Vorabend kam Bewegung auf. Im Frühling wurden die Banater Bauern sehnlichst erwartet. Satte rote kugelrunde Radieschen lagen frech neben dünnen jungen Zwiebeln und Knoblauch. Blassgrüne Kohlrabi warfen distanzierte Blicke auf die vor Gesundheit strotzenden Radieschen. Lange weiße Rettiche, Eiszapfen, präsentierten sich eleganter als die pummeligen Radies-chen. Die ersten jungen Kartoffeln lagen neben alten Kartoffeln mit wissenden Augen.

Der Sommer wartete mit Tomaten auf. Kreisrund und rot und saftig, am besten aus dem „Regat", aus dem alten Königreich jen-seits des Roten-Turm-Passes. Die sächsischen Bäuerinnen boten große, leicht violette Tomaten an, und Vater sagte, das sind Och-senherzen, und ich glaubte es als Kind und stellte mir die herzlosen Ochsen vor. Zwischen den roten Tomatenbergen, die niemand in Hermannstadt Tomaten nannte, sondern Paradeis, leuchteten gelbe Tomaten, die besonders süß schmeckten. Hellgrüne Paprika, zarte kleine Kürbisse und exzentrische Auberginen machten sich den Platz auf den Tischen streitig. Für uns waren es „Ardei" und „Vinete". Die Obstkönigin des Frühsommers war die Erdbeere, gefolgt von den schwarzen Michelsberger Kirschen, so schwarz und süß und fest und sich wehrend vor dem Hineinbeißen. Die gelben bis rötlichen Aprikosen brachten die Süße und Saftigkeit des sonnigen Banats in das etwas herbere Klima Hermannstadts. Und die Pfirsiche mit ihrer leicht haarigen Haut mussten wiederum aus dem „Regat" kommen. Klein und aromatisch.

Zibinsmarkt

Die Frühlings- und Sommergemüse und die Obstsorten nichts anderes als ein Präludium für das fulminante große Marktfinale, die vor Herbstreichtum berstende Üppigkeit, ein Ausschütten der Natur vor dem Zugehen auf den Winter.

Rote Zwiebel- und weiße Knoblauchzöpfe, wobei die Zwiebeln aus Turda sein mussten, wässrig und süßlich, Berge von grünen Wassermelonen, die daraus geschnittenen zum Probieren angebotenen Dreiecke sprangen in den Mund des potentiellen Käufers, Berge von Kraut, Kartoffeln, Wurzelgemüse und grünen Einlegegurken, aus Bungard, einem Dorf in der Nähe von Hermannstadt, zu hundert Stück angeboten.

Die Zigeunerinnen mit den mit Farnkraut ausgelegten Weidenkörben mit Blaubeeren, „Afune" sagten wir, Himbeeren, Brombeeren und Preiselbeeren. Die Zigeunerinnen mit Körben voller Pilze, Pfifferlingen, die wir Eierschwämmchen nannten, die die Kühle des Tannenwaldes in sich trugen, einen betörenden Duft verströmend. Parasolpilze boten sich in einer Vielfalt von Grau- bis Blautönen an.

Auf den Tischen kleine klebrige süße Weintrauben aus der Oltenia. Bienen und Wespen konnten sich ihrer Nähe nicht entziehen.

Menschen mit prall gefüllten Einkaufstaschen und Körben. Jede Hand trug schwer. Und fast jeder kannte jeden.

Die untergehende Sonne tauchte alles in ein summendes abendliches Nichts. Auch die Menschen, die am Vorabend des Wochenmarktes ihre Einkäufe tätigten. Aus allen Richtungen kamen sie. Aus der Bachgasse, aus der Oberstadt, von der Konradwiese, aus der Heidengasse. Leichtfüßig kamen sie auf dem Markt an und verließen ihn mit schwer gefüllten Taschen das Gleichgewicht haltend.

In der kälter werdenden Jahreszeit versickerte das Angebot. Es blieben Zwiebeln, Kartoffeln, Möhren, Petersilie und Sellerie. Und die standhaften Äpfel und ein paar Birnen. Und Honig, flüssiges, in Gläser eingeschlossenes Gold. Rosige Speckstücke, Telemea-Käse, ein gesalzener Käse aus Kuh- oder Schafsmilch, und runder würziger Burduf aus der Mărginimea Sibiului.

Die Kälte brach herein und der Schnee fiel wie der letzte Vorhang. Im Frühjahr begann ein neues Schauspiel.

Der Krautplatz

Rosen, Rosen, Rosen auf dem Platz, der seit jeher Krautplatz hieß. Besser passt zum jetzigen Bild der rumänische Name: Parcul Tineretului, Park der Jugend. Rosen in allen Farbnuancen und Schattierungen. Knospen, in sich geschlossen, Träume eingeschlossen, verschlossene Ideale. Kaum geöffnete Blüten, Reichtum in vollster Pracht, Fülle des Lebens, Freude im Jetzt. Blüten am Rande des Verblühens, fallende Blütenblätter, Vergänglichkeit in sich tragend. Überlebenskampf bis in den tiefen Herbst, Resignation, Tod unter einer Decke aus Schnee. Augen der Kranken aus dem gegenüberliegenden Bürgerspital treffen auf Schachfiguren im Park. Blicke, die vielleicht schon gebrochen sind am folgenden Tag. Hoffnungen verirren sich in fallenden Rosenblättern. Liebesschwüre ertrinken in Pfützen, stehendes Wasser trocknet sie aus. Kinderlachen verletzt sich an den Dornen der Rosen, fünfeckige Blätter ersehnen Paarzahlen.

Der Krautplatz – rosenlos zu sozialistischen Zeiten. Treffpunkt der Tischlerzunft vor der Maiparade.

Sonnenfinsternis in den sechziger Jahren des zwanzigsten Jahrhunderts. Kleine Mädchen und Jungen bewaffnet mit rußschwarzen Glasstücken. Die Sonnenfinsternis und wir waren dabei. Die Vögel verstummten so plötzlich, es wurde kühl. Und auch wir wurden still. Die Natur reichte uns die Hand und wir ergriffen sie und antworteten mit Schweigen.

Nicht weit die Klostermauer und die Geheimnisse dahinter.

Der Krautplatz mit der ersten Aufführung des neu gegründeten deutschen Theaters.

Krautplatz mit Hallerbastei

Die Salzgasse mit der Synagoge. Der Weg über den neuen Viadukt, der ins Lazarett führt, wo früher die Pesthäuser standen. Die Dreieichenstraße, die rumänisch Strada Bílea heißt, und die Allee, die nun Bulevardul Copoşu heißt. Vier Straßen, die sich treffen und in einen Kreisverkehr münden.

Krautplatz, der Platz, der vom hässlichen Entlein zum Schwan mutierte.

Stille Sommernachmittage, die durch einen Trichter in die kommende Nacht gegossen werden. Kinderhände, die Rosenblätter sammeln. Junge Männer, die in klassischer Manier mit Rosenblüten die Gunst der Mädchen erlangen wollen. Und junge Rebellen, die Gedichte rezitieren und Grashalme als Zeichen ihrer Zuneigung verschenken. Alte Männer, die Schach spielen und manch einen Zug zu lange überdenken und dabei vom Zug des Lebens überholt werden. Alte Frauen, die auf den Bänken sitzen und verpassten Gelegenheiten nachtrauern.

Und Rosen, Knospen, die nie aufblühen werden, und Rosenblätter, die sich nicht trennen können. Dornen, die für immer Spuren hinterlassen werden. Düfte, die Erinnerungen aufschäumen und zum Überlaufen bringen.

Zeit der Rosen auf dem Krautplatz. Dornender Weckruf der Zeit.

Dragonerwache und Schulanfang

Sie gehörte zum Revier meiner Kindheit: die Dragonerwache. Einst war der Platz, der sich an der Kreuzung von Elisabethgasse und Burgergasse befand, das Zentrum der Unterstadt. Das Gebäude der Dragonerwache befand sich auf einer Straßeninsel. Urkundlich wurde sie 1751 das erste Mal erwähnt, „Bey der Dragonerwacht", benannt nach einer von den Dragonern bezogenen Wache. Sie wurde 1687 nach dem Einmarsch der österreichischen Truppen errichtet, doch es war ihr nur ein kurzes Dasein beschieden: Schon 1710 wurde sie aufgelassen. Vor dem Gebäude stand ein Schatten spendender Baum, ich glaube es war eine Linde. Heute ist im Eckhaus Elisabethgasse / Burgergasse eines der zahlreichen Pizzalokale Hermannstadts untergebracht, das den Namen „Dragonerwache" trägt. Auf der Verkehrsinsel steht ein moderner Brunnen. Im Jahre 1976 wurde die Dragonerwache abgerissen und ein Stück meiner Kindheit verschüttet.

Ich erinnere mich an die blauen Septemberhimmel in Hermannstadt und die schwalbenbesetzten elektrischen Drähte. Am achten September flogen die Schwalben in südlichere Länder, und für uns Kinder näherte sich der Schulbeginn. Dann führte unser Weg aus der Unterstadt unweigerlich zur Dragonerwache, um Hefte und Bleistifte, Radiergummi und Farbstifte, Lineale und Wasserfarben, Pinsel und Zirkel für das neue Schuljahr zu besorgen. Ein Teil der Dragonerwache beherbergte einen Schreibwarenladen. Die beiden Verkäuferinnen waren große strenge Frauen, die nie lächelten. Für mich waren es die Königinnen der Schreibgeräte und der Hefte. Es stand in ihrer Macht, uns das Gewünschte zu verkaufen oder zu verweigern. Ganz wichtig war das typisch blaue Papier, in das die Bücher und Hefte eingebunden wurden.

Ich liebte den Weg zur Dragonerwache und den Geruch des Papiers und der Stifte im Laden. Zurück zu Hause breitete ich das Gekaufte auf dem Küchentisch aus und band die Hefte ein. Ich zog ihnen die blauen Gewänder an und bereitete sie für die lange Reise durch ein Schuljahr vor. In ihrer Unschuld und Reinheit hatten sie etwas Heiliges an sich, dessen Faszination ich mich nicht entziehen konnte. Mit den ersten Strichen, Buchstaben und Worten wurden sie entweiht, von mir entjungfert, um dann wiederum mit einer neuen Heiligkeit gefüllt zu werden, der des Wissens und des Verstehens.

Kann es sein, frage ich mich rückblickend, dass der Himmel immer blau war und die Sonne stets schien zu Schulbeginn? Oder sind es meine Gedanken, die die Zeit, als es noch die Dragonerwache gab, in Sonne taucht und den Himmel erblauen lässt?

Wer geht sie nicht immer wieder, die Wege der Kindheit? Einer dieser Wege beginnt bei der Dragonerwache, führt durch die Elisabethgasse zum Bahnhof, vorbei an der Margaretengasse und der Laterngasse. Innere Wege werden auf äußere Wege projiziert.

Dünne Linien, die nach oben führen, dicke Linien, die nach unten führen. Striche, die sich zu Worten zusammenfügen werden, Erkenntnisse, dass es mehr als eine Wahrheit gibt und die Frage, welches die wahre Wahrheit ist und die Bitterkeit der Feststellung, dass Wahrheit manchmal nur eine Ware ist.

Dragonerwache

Die Stadt der Musik

Die Musik ist in der Luft der Stadt hängen geblieben. Spürbar und hörbar. Lockend und verführend. Führend.

Aus der Sporergasse kommt man auf die Kleine Erde, so die deutsche Bezeichnung der Straße, rumänisch heißt sie „Strada Filarmonicii", da hier seit der Gründung im Jahre 1949 der Sitz der Hermannstädter Philharmonie war. Vorher war das Gebäude der Sitz des Männergesangvereins Hermania. Heute gibt es hier ein Restaurant mit typisch sächsischer Küche. Die heiligen Räume der Musik wurden entweiht.

Hermannstadt, ehemals die Stadt am Rande der österreichisch-ungarischen Monarchie, war schon immer eine Stadt der Musik. Der Wiener Reisende Krickel schrieb: „Hermannstadt kann man mit Recht eine musikalische Stadt nennen, denn in jedem Haus ist gewiss jemand, der wenigstens ein Instrument zu spielen weiß." In der zweiten Hälfte des 18. Jahrhunderts soll es etwa 4000 Klaviere gegeben haben bei 18000 Einwohnern. Die Kammermusik wurde von Musikliebhabern gepflegt, und bei Samuel von Brukenthal fanden schon 1774 zweimal wöchentlich „Collegia musica" statt. Die aus dem Jahre 1786 stammende Symphonie in G-Dur von Haydn, 1946 in Hermannstadt entdeckt, wurde von der Hermannstädter Philharmonie hier uraufgeführt unter dem Namen „Hermannstädter Symphonie", so genannt nach dem Ort ihrer Entdeckung.

Im Jahre 1846 ist Franz Liszt in Hermannstadt aufgetreten und 1879 konzertierte hier Johannes Brahms.

Thalia-Theater

Im musikalischen Blumenbeet Hermannstadts ließ und lässt sich
für jeden Geschmack etwas finden. Klassik, Jazz, Schlager, Orgelmusik, Chöre, Blasmusik, Volksmusik, Opern und Operetten und neu-
erdings nicht zu vergessen Rock und Pop haben alle eine Nische für
sich entdeckt.

Die Töne bahnen sich ihren Weg durch die Luft, erreichen das
Ohr des Besuchers, für Einheimische eine Selbstverständlichkeit, ein
kaum wahrnehmbarer musikalischer Hintergrund.

Gebannt starre ich auf der Kleinen Erde auf den gewesenen Sitz
der Philharmonie. Winternachmittage in den Lehrkonzerten. Wege
am Vormittag in der Hoffnung, einen Blick meines Vaters von drinnen zu erhaschen, ein Finale, das die Straße in einer Flut von Tönen
überschwemmt. Beglückende Augenblicke.

Das Stimmen der Instrumente. Der federnde Gang des einarmi-
gen Dirigenten an das Pult. Solisten, spannungsgeladen wie schwere
Sommertage vor einem Gewitter. Ein Entladen im Donnern und Blit-
zen der Töne. Befreiung der Emotionen.

Der Wunsch, sich selbst in der Musik zu finden. Verirrende Wege.
Die Flucht in Worte.

Verkehrswege

Hermannstadt präsentiert sich schick und zeitgerecht mit Gürtel, mit einem Ring. Dadurch wird das Verkehrsgewand der Stadt modern. Die Umgehungsstraße ist fertig, und der Verkehr durch Hermannstadt dadurch entlastet, in der Innenstadt von den Lastern befreit. Die meisten Straßen sind Einbahnstraßen, so als ob der Verkehr sagen möchte, dass es ab jetzt nur noch in eine Richtung geht. Nach vorne. Der Kreisverkehr sitzt an verschiedenen Stellen der Stadt wie ein riesiger Hut.

Der Große Ring und die Heltauergasse sind für den Verkehr tabu. Wenn der Betrachter für wenige Minuten in die Vergangenheit zurückkehrt, wird er noch das Gebimmel der Straßenbahn hören, die die Sporergasse vom Bahnhof hochkeuchte und am Großen Ring Atem für die weitere Fahrt holte. Endstation war dann Răşinari am einen Ende und Neppendorf am anderen Ende.

Heute dominieren Autos das Stadtbild. Das Parkplatzproblem hat auch vor Hermannstadt nicht Halt gemacht. Offizielle Parkplätze schmücken jedoch die Straßen wie Perlenbänder. Spezielle Fahrradwege begleiten die Straßen. Diese Probleme gab es im Hermannstadt der fünfziger Jahre nicht. Da kannte man jedes Auto (ich erinnere mich, eines war blau), und Pferdewägen prägten das Stadtbild. Am Bahnhof standen die Fiaker, und die Toten durften zum Abschied einen letzten Weg auf dem Leichenwagen durch die Stadt fahren. Und eine Straße soll um 1790 „Leichengasse" geheißen haben.

Fußgängern wird heute auf immer blasser werdenden Zebrastreifen in Form einer Klaviertastatur ein sicheres Überqueren der Straße ermöglicht. Ampeln zeigen die noch verbleibende Zeit an: für die Autos doppelt so viel Zeit wie für die Fußgänger. Eine Gemeinsamkeit zwischen Hermannstadt und Luxor.

Moderne Busse prägen das Stadtbild. Nichts erinnert mehr an die vor lauter Menschen überquellenden schäbigen Busse und Trolleybusse in den Jahren des Sozialismus.

Die Könige der Straßen sind die gelben Taxis, deren Fahrer sich mit unglaublicher Virtuosität durch den Verkehr schlängeln. Tausendvierhundert sollen es sein. Mit und ohne Klimaanlage. Und die Fahrer sind gesprächig oder stumm, meistens jedoch gesprächig und begierig, Auskunft zu erteilen und den Fahrgast zu unterhalten.

Der Bahnhof wartet mit alten Zügen auf, wo das Aufsteigen sportliche Leistungen abverlangt. Die Schmalspurbahn, die nach Agnetheln fuhr, ist aus dem Stadtbild verschwunden. Größtenteils wird Hermannstadt angeflogen und kann sich mit einem neuen modernen Flughafen brüsten.

Wege und Straßen in Hermannstadt, Wege, die hin- und wegführen, Wege die durchführen. Wege, die zum Bleiben auffordern oder zum Gehen. Wege die wegführen und die zu einem selbst führen. Wege der Vergangenheit, Wege im Jetzt, Wege von Morgen. Wege eben.

Alte Straßenbahn am Hermannsplatz

Meine Schulen

Erinnerungen sind wie Züge: Wie abfahrende Züge, die immer kleiner werden, um irgendwann in der Ferne zu verschwinden, oder wie ankommende Züge, die sich in die Landschaft fressen, immer größer werdend auf uns zukommen und plötzlich vor uns stehen bleiben, wenn wir erneut am Ort des Geschehens sind.

Der erste Schultag war ein Sonnentag mit einem Septemberhimmel aus verdünnter blauer Tinte und einem viereckigen Hof, den die Sonnenstrahlen erst um die Mittagsstunde erreichten. Im gepflasterten Schulhof wuchs kein Grashalm. Es war der Beginn einer siebenjährigen Schulzeit in der Reispergasse. Der Turnsaal war riesig groß, von einem Ende bis zum anderen war es ein weiter Weg. Schemenhaft bevölkern die ehemaligen Lehrer die Augenblicke der Erinnerung. Zwischendurch Stunden im benachbarten Ursulinenkloster, Turnstunden im Klostergarten oder Kochstunden in der dazugehörenden Schule. Der Klostergarten mit befreiten Kinderseelen, verwitterten Mauern, unterirdischen Gängen mit bebenden Geheimnissen, Herbsttagen, die sich wie Kindheiten verabschiedeten.

Der Turnsaal in der Reispergasse heute: Wände, die mich einschließen, die auf mich zukommen, ein so kleiner Raum, dass meine Gedanken ihn sprengen, die Suche nach dem kleinen Mädchen.

Die nächsten vier Jahre: Gheorghe-Lazăr-Lyzeum. Ein imposanter Bau, der uns Flügel verlieh. Steintreppen, die hinaufführen. Ein Amphitheater. Der tägliche Schulweg über den Großen Ring. Aufstellen im Schulhof in Zweierreihen. Kontrolle der Uniformen beim Schuleingang. Dunkelblaues Stoffkleid mit weißem Kragen, Patentstrümpfe aus Baumwolle, ein weißes Band im Haar, im Winter ein dunkelblaues Wolltuch auf dem Kopf, eine Schulnummer am Ärmel.

Tor der Schule in der Reispergasse

Das Gheorghe-Lazăr-Lyzeum: eine alte Schule, dem Wechselbad der Veränderungen im Laufe der Zeit ausgesetzt. Im Jahre 1692 gründeten Mönche des Jesuitenordens unter König Leopold I. eine Schule. Bis zum Jahre 1848 wurde in den fünf Gymnasialklassen in lateinischer Sprache unterrichtet. Die deutsche Epoche dauerte von 1849 bis 1867 und die ungarische von 1868 bis 1918. Mit dem Jahr 1919 beginnt die Epoche mit rumänischer Unterrichtssprache, die Schule erhält den Namen „Lyzeum" und den Namen des rumänischen Gelehrten Gheorghe Lazăr. Ehemalige Schüler dieser Schule sind unter anderen Aurel Vlaicu, der rumänische Flugpionier, Hermann Oberth, der Vater der Raumfahrt, die Schriftsteller Octavian Goga, Paul Goma und Andrei Codrescu, der Philosoph Emil Cioran, der Literat Nicolae Manolescu, der Bischof der evangelischen Kirche Christoph Klein, um nur einige zu nennen.

Turnstunden hatten wir ab und zu im Brukenthal-Lyzeum. Knarrende Treppen. Ein altes ehrwürdiges Gebäude, die älteste Schule der Stadt. Auf dem Platz, auf dem die Schule heute steht, wird schon im Jahre 1380 die Existenz einer Schule erwähnt. Das heutige Gebäude wurde in den Jahren 1779 bis 1781 errichtet.

Im Schatten der Lindenbäume warten wir unter dem Bogen der evangelischen Kirche mit Hasenherzen, deren Pochen so laut wie die Kirchenglocken zu hören war, auf die Matura-Ergebnisse. Die Matura setzt einen Schlussstrich unter vier Jahre der Unbeschwertheit, der Träume und Phantasien. Es ist das Ende einer Zeit, in der wir glaubten, dass die Welt nur für uns erschaffen wurde.

Durchgänge

Der berühmteste Durchgang Hermannstadts ist wohl das Generalloch, die Verbindung zwischen dem Großen Ring und dem Schillerplatz. Doch es ist nicht der einzige Durchgang dieser Stadt.

Aus der Wiesengasse führt ein Durchgang zum heutigen Thalia-Saal. Die Durchgänge der Stadt – Blicke und Überraschungen preisgebend. Geheimnisvoll und Geheimnisse bewahrend. Der Durchgang aus der Wiesengasse – ein Fixpunkt meiner Kindheit. Der Weg zur Großmutter, vorbei am damaligen Independenţa-Saal. Ein hässliches Gebäude, das der Vorkriegsgeneration Seufzer entlockte.

Der Durchgang aus der Brukenthal-Gasse in die Fleischergasse. Löcher im Asphalt. Der Weg in die Fleischergasse etwas bergab führend. Nach dem Dunkel Licht und die unbeteiligten Blicke der Karyatiden. Das Postgebäude auch heute noch diese Funktion innehabend.

Der Durchgang aus der Franziskaner-Gasse in die Sporergasse. Zeuge eilender Schritte zum Bahnhof. Schlängelnde Urinrinnsale. Herzklopfen auf dem Weg zur Schule. Schlechtes Gewissen vor den Zensuren und Proben, die damals „Extemporale" genannt wurden. Der Blick auf den Lindenbaum im Frühling. Und nun, als Gast in dieser Stadt, benutze ich noch immer die Abkürzungen der Durchgänge, die inzwischen sauberer sind.

Sieben Jahre Grundschule in der Reispergasse. Nebenan der Durchgang, fast schon ein Gässchen, in die Turnstunden der Professionalschule. Ein paar Schritte weiter die Neustift.

Vom Poschenberg der Durchgang in die Kempelgasse. Namen, die einer anderen Zeit angehören. Aufblitzende Erinnerungen an jugendliche Illusionen.

Das Kindheitshaus in der Färbergasse im Blickpunkt des evangelischen Kirchturms. Das Bächlein, das vor dem Haus vorbei floss,
längst zugeschüttet. Gegenüber Tibis stolzes Haus. Gestalten, die sich
aufdrängen, die aus der Erinnerung herausfallen, die die fremden Leute ersetzen wollen.

Die Färbergasse mit dem ätzenden Geruch des gegerbten Leders.
Die Arbeiter aus der Lederfabrik mit ihren Gummischürzen und Stie-
feln. Stinkende Geruchsfahnen um sie herum. Der Durchgang aus
der Färbergasse in die Maurergasse. Als Kind kann ich den Durchgang
nur durchqueren, wenn ich den Atem anhalte, wenn ich die Luft anhalte. Wenn ich spreche, klingt alles nasal.

Hermannstadt, die Stadt der Durchgänge. Durchgang für viele.

Alter Durchgang am Kleinen Ring

Tauben und Hunde

Die Nacht wirft Stille über die Stadt und seidene, fast undurchsichtige Dunkelheit. Die Sterne ziehen sich eine Wolkendecke über, schlafen dem nächsten Morgen entgegen. Die scharfe Sichel des Mondes schlitzt die Wolkendecke ab und zu auf, aus Unachtsamkeit oder mit Absicht, dann verirrt sich das Licht der Sterne im Geäst der Bäume, in den Schlaglöchern der Straßen oder in den Mülltonnen. Ab und zu fällt eine Sternschnuppe vom Himmel, um auch in dieser Stadt im Herzen Siebenbürgens Wünsche in Erfüllung gehen zu lassen. Nachts schlafen die Tauben in Hermannstadt. Sie können mit den Tauben Venedigs wetteifern. Unter ihren Flügeln verstecken sie die letzten Jahre der Freiheit.

Die Tauben picken die ihnen zugeworfenen Brosamen auf. Und sie picken einander fast die Augen aus. Die Brosamen sind die Körner der neuen Freiheit. Auf dem Großen Ring haben die Tauben ihr Hauptquartier aufgeschlagen. Ein Freund aus Jugendtagen schlendert über den Großen Ring. Die Zeit hat ihn nicht vergessen, hat auf ihrem Weg in die Unendlichkeit Spuren auf seinem Gesicht hinterlassen. Ich meide die Menschen, sagt er, gehüllt in einen langen Mantel, der zu einem Mantel des Schweigens wird. Die Tauben sind seine Freunde, mit ihnen will er leben, sie verstehen ihn. Ich erinnere mich, dass er vor vielen Jahren Katzen hatte.

Eine Ampel steht auf Rot. Die Zahlen zeigen die noch verbleibende Zeit bis zum Sprung auf Grün an. Für die Fahrzeuge sind es 60 Sekunden, für die Fußgänger etwa die Hälfte. Irgendwo habe ich solche Ampeln gesehen. Auf einem der Balkone steht ein alter Mann im Unterhemd. Im Zeitlupentempo wirft er Brotkrümel herunter.

Tauben auf dem Großen Ring

Hunderte von Tauben schwirren auf dem Gehsteig, fallen über die Brotkrümel und übereinander her. Eine besonders mutige Taube setzt sich dem alten Mann auf dem Balkon auf den Kopf. Das Bild erinnert mich an Horus. Nun weiß ich auch, dass ich solche Ampeln in Luxor in Ägypten gesehen habe.

Mit der neu gewonnenen Freiheit haben sich in Hermannstadt die Hunde vermehrt. Sie liefern sich im nächtlichen Hermannstadt erbitterte Kämpfe. Tagsüber sind sie im Kampf gegen die Autos, die sie ankläffen und denen sie nachjagen, vereint. Gegen Morgen überfällt die Müdigkeit auch die Hunde, dann wird es für kurze Zeit hundestille Nacht mit melancholischen Wachträumen, in die sich gegen Morgen das erste zaghafte, dann immer lautere Krähen der Hähne mischt.

Bevor das Tageslicht die Dunkelheit vertreibt, mischt sich Vogelgezwitscher zwischen Blättergesäusel, fällt auf den Asphalt, drängt sich in den Schlaf der Menschen.

In Hermannstadt verstecken Tauben zwanzig Jahre alte Freiheit unter ihren Flügeln.

In Hermannstadt verstecken Hunde zwanzig Jahre neue Freiheit im nächtlichen Bellen.

In Hermannstadt erkrähen Hähne das Lied der Freiheit.

Hermannstadt zwischen dem Flügelschlag der Tauben, dem Bellen der Hunde, dem Krähen der Hähne, dem Zwitschern der Vögel.

Die Ober- und die Unterstadt

Wie auf einem Thron residiert sie, die Oberstadt Hermannstadts, ihr zu Füßen dienend die Unterstadt. Wenn man vom Bahnhof kommt, führt die Bahngasse in die Oberstadt. Und Treppen tun es ebenso: die vielen Treppen der Sagstiege, die Pempflingerstiege, die Fingerlingstreppe, die Treppen, die vom Puppentheater zur Post führen, der Poschenberg oder die Burgergasse, die unter der Lügenbrücke auf den Kleinen Ring führt.

Die klingenden Namen der einzelnen Wohnviertel tanzten durch meine Kindheit in Hermannstadt: der Rosenfeldgrund, die Hallerwiese, der Turnschulgrund, die Kadettenschule, die Töpfererde, die Poplakerheide, die Konradwiese, das Theresianum, das Lazarett, der Bindersee. Assoziationen:

Rosenfeldgrund: Stille, Villen, schmucke Einfamilienhäuser, von Bäumen gesäumte Straßen, Sehnsüchte, Träume.

Turnschulgrund: der Weg zur Großmutter mit dem wippenden Schaukelstuhl auf der in Geranien getauchten Veranda, die ersten Turnstunden bei Lore Lissai, Laufen auf Zehenspitzen als Letzte und Kleinste hinter all den anderen.

Die Kadettenschule mit der Straßenbahnhaltestelle, die quietschenden Räder der Straßenbahn, das Eintauchen in eine schöngeistige Welt in den Englischstunden und bei den Vorträgen von Frau Irma Bilek und die damit verbundenen Reisen in fremde Länder. Ein Abend mit einem nach Regen riechenden Frühling und die Geschichte des Bamberger Reiters.

Töpfererde: Sonntagsspaziergänge an Vaters und Mutters Hand bis zum Heldenfriedhof, den es heute nicht mehr gibt, verwitterte Gräber mit blühenden blassblauen Glockenblumen, Träume und Alpträume mit lebendig gewordenen Toten, Kinderphantasien scheu ge-

wordener Pferde, der Weg vorbei an zwei imposanten Villen, die den
Namen Rochus trugen, Geschichten des Vaters, die die Vergangenheit
lebendig werden ließen.

Die Poplakerheide: Gerüchte über Banden, die den Keim der Ge-
fährlichkeit in sich trugen, sogar ein Mord, der dort geschehen sein
soll, bei Sonnenschein, eine junge Frau chancenlos gegen den Mörder,
auf der Kellertreppe soll es geschehen sein. Gerüchte oder Wirklichkeit, so genau weiß das keiner mehr.

Die Konradwiese: Hermannstädter Kleinstadtidylle mit Schatten
spendenden Bäumen und das Haus, wo Mutter ihre Jugend verbracht
hat mit dem klingenden Namen Ranichergasse. Zahnarztbesuche, die
der Angst ein Gesicht gaben und Tränen, die so groß wie Kirschen
waren und nach Popcorn schmeckten.

Das Theresianum: Weg über die Steinbrücke, Büste der Maria
Theresia, ein Kino, das 7. November hieß, der kleine Bahnhof, wo
die Züge nach Salzburg hielten, der Altkleidermarkt, den wir Tandel-
markt nannten, der Schweinemarkt, wo die Schweine zum Schlachten
im Winter gekauft wurden.

Das Lazarett: der Weg über den Viadukt, der Name des Stadtteils,
der von den Pesthäusern herrührte, die Waagenfabrik Hess, die im
Sozialismus in Balanța (die Waage) umbenannt wurde. Heute gibt
es in diesem Viertel das Hotel Libra geschmückt mit Bildern aus der
Hess'schen Zeit. Und in der ehemals sozialistischen Balanța Theater-
aufführungen. Lazarett, ein kleines Häuschen mit Garten und Pussi-
tante, die das Schicksal unsanft angefasst hat, die mit ihrem Schatten-
sohn Peter, der nur zwanzigjährig bei einem Luftangriff in Bukarest
ums Leben gekommen ist, sich jeden Tag in der Gegenwart einen
neuen Platz erobert hat.

Der Bindersee: so weit, fast unerreichbar.

Die sich widerspiegelnde Lebenssymbolik in der Hermannstädter
Ober- und Unterstadt. Das Auf und Ab im Leben eines jeden Einzelnen.

Fingerlingstreppe, Durchgang zum Kleinen Ring

Der Bahnhof

Ankommen und Wegfahren und dazwischen Dasein. Dasein in Hermannstadt. Der Bahnhof meiner Kindheit, das Tor in die weite Welt,
wenn die weite Welt der Kindheit auch nur Salzburg, der nahe Bade-
ort, war. Die schwarzen, Angst einflößenden Lokomotiven beherrsch-
ten die Schienen. Ich saß zwischen Großmutter und Großvater neben
verschwitzten Menschen mit Badetaschen, mit Sonnenhunger in den
Augen und Schmerzen in den Gelenken, die das Wasser der salzhaltigen Seen und der tiefgraue Schlamm vertreiben sollten. Was sind
Gliederschmerzen, wollte ich von der Großmutter wissen.

Ich stehe an der Hand meines Vaters auf dem Bahnsteig. In der
Ferne erscheint ein dunkler Punkt, der sich immer größer werdend
auf den Bahnhof zu bewegt. Der Zug scheint an Geschwindigkeit
zu gewinnen, je näher er dem Bahnhof kommt. Schnaubend vor
Erschöpfung bleibt er mit einem Ruck stehen. Ein alter Herr mit
Spitzbart und Hut steigt aus. Er ist aus Budapest angereist. Es ist der
Onkel meiner Großmutter. Sie haben den Aufstand blutig niederge-
schlagen, sagt er zu Vater. Die Männer umarmen sich. Der Blick des
alten Herren saugt sich am Schnee der Karpatengipfel fest, trinkt ihn
gierig mit den Augen wie ein Säugling die Muttermilch. Die Kinder
sind geflohen, sagt er, in den Westen, spielen nun bei den Wiener
Symphonikern, du weißt ja, die Medi spielt Geige. Wo ist der Westen?, frage ich.

Fünf Studienjahre in Klausenburg. Abfahrt und Ankunft auf dem
Hermannstädter Bahnhof. Mein Vater mit dem kleinen Kind an der
Hand. Bei der Abfahrt schnürt mir ein dickes Seil die Kehle zu. Win-
kende Kinderhände. Bei der Ankunft ein erstauntes Kindergesicht.

Hermannstädter Bahnhof

Das ist Mutti, sagt mein Vater dem Kind. Das Fremdsein drängt sich zwischen uns. Ich nehme das Kind auf den Arm, drücke es an mich, der Bahnhof ist in diesem Augenblick mein Zuhause.

Urlaubsfahrten ans Schwarze Meer mit dem Orient Express. Der Zug steht auf dem Hermannstädter Bahnhof nur zwei Minuten. Links den Koffer in der Hand, rechts das Kind an der Hand. Es ist ganz früh am Morgen. Wir lutschen Stücke kleiner Freiheiten. Die Freiheit schmilzt in unserem Mund. Wir möchten größere Stücke Freiheit.

Es ist dunkel und kalt und Winter. Wir warten auf den Zug in Richtung Westen. Der Bahnhof ist düster und in ein trübes Licht getaucht. Der Gliederschmerz der Großeltern von einst hat sich bei uns im Herzen festgesetzt. Er hat sich festgeklammert. Unsere Herzen sitzen in Käfigen, die aus Stäben der Freiheit gebaut sind. Das Kind ist siebzehn Jahre alt. Jeder von uns hat einen Koffer. Die Koffer sind schwer. Schwer von den mit Tränen getränkten Illusionen, schwer vom erstarrten Lächeln des Abschiednehmens, schwer vom vorgegaukelten Optimismus.

Es war schwer, die Stäbe der Freiheit aufzubrechen. Für viele Jahre haben wir den Hermannstädter Bahnhof gemieden.

Die Kreuzkapelle

Steht man mit dem Rücken zum Bahnhofsplatz und blickt geradeaus, so könnte man meinen, in einer modernen Stadt mit neuen Gebäuden mit spiegelnden Fassaden zu sein. Die Stadt könnte irgendeinen Namen tragen. Eine Stadt im Südosten Europas. Doch dann erblickt man die Turmspitze der evangelischen Kirche, die schlank und stetig sich zwischen den neuen Gebäuden behauptet und da weiß der Besucher, dass er in Hermannstadt ist.

Und noch ein kleines Detail verrät die Stadt, wenn der Besucher innehält und sein Blick nach rechts wandert: Es ist die Kreuzkapelle. Das Kirchlein stand nicht immer da. In der ersten Hälfte des 13. Jahrhunderts befand sich an dieser Stelle ein Dominikanerkloster. Es ist ein Ort des Innehaltens für den aus Hermannstadt Scheidenden und für den in Hermannstadt Ankommenden. Ein Ort, der Wünschen, Bitten und Gebeten Flügel verleiht.

Das Besondere an dieser kleinen Kirche ist das 7,30 Meter hohe Kreuz, das sich über dem Altar der ehemaligen Dominikanerkirche befand. Die Kirche wurde im 17. Jahrhundert abgerissen, um dem Feind keinen Angriffspunkt zu bieten. Der österreichische Künstler Peter Lantregen hat im Jahre 1417 das Kruzifix aus einem einzigen Felsblock gehauen. Es stellt Jesus am Kreuz zwischen Maria und Johannes dar. Nach Abriss der Dominikanerkirche blieb das Kreuz fast ein Vierteljahrhundert verschollen. Es lag unter Schutt begraben. Im Jahre 1683 wurde es ausgegraben und steht heute in der kleinen Kapelle.

Als Kind lagerte ich hier meine Wünsche ein. Die Tante, mit der ich hierher kam, eine gottesfürchtige Frau, lehrte mich, dass man nur fest glauben müsse, auf Gott vertrauen und dann werde sich im Leben

alles zum Guten wenden, Wünsche im Rahmen des Möglichen in Erfüllung gehen und wenn nicht, so sei es auch so gut.

An einem Wintertag betrat ich zum letzten Mal die Kapelle. Ich
sah meine imaginären Wünsche eingelagert wie in der Klagemau-
er Jerusalems und legte einen letzten Wunsch vor unserer Reise in
den Westen dazu. Es war eine innige Zwiesprache mit einer höheren
Macht, von der ich ein kleines Zeichen erwartete. Doch Zeichen muss
man deuten. Sie sind manchmal so klein und unbedeutend, dass sie
übersehen werden.

Im Angesicht des Kreuzes löste sich mein Inneres wie eine Kastanie aus einer aufbrechenden Schale. Die Kastanie nahm einen unbe-
kannten Weg, rollte in den Westen. Eine leere stachelige Schale blieb
zurück.

Nach vielen weiteren Jahren stand ich erneut in der Kreuzkapelle.
Und fand meine Schale wieder. Ohne Stacheln. Runzlig und trocken
und den offenen Spalt. Die Kastanie passte noch hinein. Die Wünsche
hatten sich in Luft aufgelöst.

Kreuzkapelle

Erlenpark und Junger Wald

Der Erlenpark, die grüne Lunge Hermannstadts, lässt in heißen siebenbürgischen Sommern die Hitze vergessen. Im Frühling explodieren die Bäume in einem Rausch aus grünen Farbnuancen, im Herbst lässt der Erlenpark die unverwechselbare siebenbürgische Buntheit der Bäume aufleben, so als ob es der letzte Herbst wäre. Im Winter zieht der Erlenpark sein weißes Engelskleid an und wird leise, wenn nicht gerade lärmende Kinder sich ins Schneevergnügen stürzen. Jahrhundertalte Bäume verbergen Geschichten und Schicksale. Seufzer und Erfüllung hängen wie Schmuck an den Ästen. Verzurrte Hoffnungen und Träume sitzen in den Kronen der Bäume.

Der Park ist eine der ältesten Anlagen in Rumänien. Er wurde 1856 angelegt. Im Jahre 1898 entstand der Musikpavillon, wo ehemals die Militärkapelle sonntags konzertierte.

Die Bäume gleichen den Bewohnern der Stadt. Einheimische Gehölzarten, 38 an der Zahl, stehen neben exotischen, 30 an der Zahl, friedlich beieinander. Über 150 Jahre alt sind die ältesten Bäume: Erlen, Schwarzpappeln, Linden und Eichen. Die Stille wird von Vogelstimmen unterbrochen, die 95 Vogelarten angehören.

Durch das Goldtal, das heute ein schickes Wohngebiet ist und wo früher ein Freibad stand, die Schreiermühle, führt der Weg in den Jungen Wald.

Die Erinnerungen malen Bilder, farbig schillernd oder in einem alles überziehenden Grau. Der Erlenpark im Frühherbst. Blätterränder, die eine Veränderung ankündigen. Doch es ist noch so viel Grün vorhanden, die Veränderung wird oder will nicht wahrgenommen werden. Ein kleines Mädchen, am Anfang des Erlenparks, ein kleines Mädchen vor dem Militärspital. Im zweiten Stock, im dritten Fenster,

Musikpavillon im Erlenpark

das Gesicht der Großmutter mit einem müden Lächeln, das wie eine
Spinne auf einem unsichtbaren Seil aufs Kind zukommt. Das rostige
Braun des Kastanienrandes frisst sich langsam der Mitte zu. Die Erinnerung nimmt das Kind bei der Hand und führt es zum Musikpavillon. Kleiner werdende Augenblicke an glücklichen Tagen. Eines Tages
bleibt das Fenster leer.

Die Schreiermühle, Szene der badefreudigen Jugend, das Wasser
so kalt wie frisch geschmolzener Schnee. Erste Lieben und erste Zwei-
fel an der Haltbarkeit der Gefühle. Welches mag das Verfallsdatum für
Erinnerungen sein?

Der Fischteich im Jungen Wald mit den Kähnen und einem Auf-
seher, der die wichtigste Person war und dessen Stimme sich wie eine
Gewehrsalve einen Weg durch die Luft bahnte und die Idylle zerstör-
te: Boot Nummer 6, Boot Nummer 6 zurück ans Ufer. Karpfen, die
bei Kinderlachen nach Brot schnappten und ein Springbrunnen, wo
das Wasser trotz Verbot so verführerisch schmeckte. Der Tierpark mit
dem ruhelosen Gang der Raubtiere mit bernsteinfarbenen Augen und
der Ahnung von Freiheit zwischen den Stäben der Käfige.

Die ferne Kindheit – eine weiße Eule.

Was hat Hermannstadt, was andere Städte nicht haben?

Die Reiseführer sind voll des Lobes. Wer nach Rumänien kommt, muss Hermannstadt sehen, muss Hermannstadt gesehen haben. Hermannstadt ist aus dem Dornröschenschlaf erwacht. Blühend, frisch und jung. Das Aschenputtel in den Jahren des Sozialismus hat sich zu einer Prinzessin gemausert. Zur Königin der Städte wurde es im Jahre 2007, als es Kulturhauptstadt Europas wurde. Hermannstadt wurde plötzlich salonfähig. Hermannstadt „war plötzlich wieder jemand".

Die Stadt, die sich im Laufe der Geschichte nie hat unterkriegen lassen, nie von den Türken eingenommen wurde, die die beiden Weltkriege fast unbeschadet überstanden und danach darbend und in einem Einheitsgrau auch die Jahre des Sozialismus, wenn auch lädiert, so doch überlebt hat. Hermannstadt hat vieles gesehen. Hexen wurden verbrannt, Köpfe rollten auf dem Schafott, Schüsse schlugen in die Dächer ein und ließen die Stadt mit verletzten Augen und fast blind zurück. Aus diesem Wissen schien eine Kraft ausgegangen zu sein, die Hermannstadt zu dem machte, was es heute ist: eine Perle in der Mitte Rumäniens. Der Geist der ausgewanderten Siebenbürger Sachsen, deren Vorfahren 1150 die Stadt gegründet haben, prägt auch heute noch das restaurierte Stadtbild, vermischt sich mit balkanischer Lebensmentalität und südländischer romanischer Lebensfreude.

Was hat Hermannstadt, was andere Städte nicht haben?

Für Weggezogene hält Hermannstadt ein ganzes Arsenal an Erinnerungen und Nostalgie bereit, verbunden mit Sehnsucht. Für Fremde bedeutet Hermannstadt Entdeckung einer geschichtsträchtigen Stadt in einem jungen pulsierenden Jetzt.

Hermannstadt ist vergangene und erinnernde Stadt für die einen und Stadt im Jetzt und in der Gegenwart für die anderen. Wiederentdeckung für die einen und Neuentdeckung für die anderen. Alte Liebe und östliche Sehnsucht für die einen und neue Verliebtheit für die anderen.

Hermannstadt in sich ruhend und ruhelos. Hermannstadt – Stadt der Gegensätze. Neues Lebensgefühl und nostalgische Lebensart.

Hermannstadt, die Stadt, der Ort, der Sehnsüchte und Nostalgie in die Herzen seiner Bewohner pflanzt.

Hermannstadt traditionsschwanger und zukunftsorientiert.

Hermannstadt, das aus seinem Provinzialismus ausbricht und neue Wege beschreitet.

Was hat Hermannstadt, was andere Städte nicht haben? Ist es das gewisse „Etwas", das zu Unwiderstehlichkeit führt? Das begehrenswert macht? Das zu Unverwechselbarkeit führt?

Hermannstadt, eine junge verführerische Frau mit der Lebenserfahrung einer Alten. Hermannstadt, eine alte Frau mit einem jungen Herzen. Hermannstadt mit der Neugierde eines Kindes. Hermannstadt mit der Weisheit der Großeltern. Hermannstadt mit Freude Freunde und Fremde willkommen heißend, Hermannstadt die Versöhnende.

Hermannstadt die Erzählende und zugleich Zuhörende.

Hermannstadt, in das man sich auf den ersten Blick verliebt und das man auf den zweiten Blick liebt.

Hermannstadt, von dem man sich ein kleines Stück abbricht und mit sich nimmt, als Stein der Erinnerung oder als Bild im Herzen.

Erinnerungen

Vermessene Vergleiche

Hermannstadt, einst glänzend-lebendige Stadt am Rande Europas. Trauriges Schattendasein im sozialistischen Rumänien. Paukenschlag-artiges Erwachen zur Europäischen Kulturhauptstadt 2007. Hermannstadt, die Verwandelte, noch immer sich Wandelnde.

Venedig hat den Markusplatz, den Thomas Mann als das größte Wohnzimmer Europas bezeichnete. Hermannstadt hat den Großen Ring, der zusammen mit der Heltauergasse das größte Kaffeehaus Europas ist. Florenz hat die Uffizien, Hermannstadt hat das Brukenthalmuseum, das sich den Fremden und den Einheimischen im neuen eleganten beigefarbenen Look präsentiert. Wien hat das Hotel Sacher, doch Hermannstadt hat den Römischen Kaiser, wo einst sämtliche Größen Europas von Kaiser bis Künstler abstiegen. Salzburg hat Mozart. Hermannstadt hat Carl Filtsch, nach dem ein seit 1995 stattfindender Klavier- und Kompositionswettbewerb benannt ist. Salzburg hat die Salzburger Festspiele. Hermannstadt hat sein Theaterfestival, das größte in Rumänien und das drittgrößte in der Welt. Mailand hat den Mailänder Dom, Hermannstadt präsentiert auf dem Großen Ring die römisch-katholische Dreifaltigkeitskirche. Mailand hat die Scala, Hermannstadt hat den Thalia-Saal. Barcelona hat die gotische Kathedrale, Hermannstadt hat die evangelische Stadtpfarrkirche. Das Hermannstädter Freilichtmuseum kann durchaus mit dem Dorfmuseum in Barcelona konkurrieren. Und kann man in Barcelona die Wasserspiele bewundern, so ist das auch in Hermannstadt im Astra-Park möglich. Prag hat die Moldau mit der Karlsbrücke und dem heiligen Nepomuk. Durch Hermannstadt fließt der bescheidenere Zibin mit der Steinbrücke, die ins Theresianum führt. Einen Nepomuk hat Hermannstadt auch, der stand zwar nicht auf der Brücke, sondern auf dem Großen Ring.

Steinbrücke

Oxford hat seine berühmten Colleges, Hermannstadt hat das Brukenthalgymnasium. Wien hat den Prater, Hermannstadt hat den „Jungen Wald". London hat den Hyde Park, Hermannstadt hat den Erlenpark.

Rom hat den Trevi-Brunnen, Hermannstadt einen modernen Brunnen auf dem Großen Ring.

Hermannstadt liegt nicht am Toten Meer, dafür hat es Salzburg mit seinen salzhaltigen Seen, wo schwerstes Rheuma auskuriert werden kann. Und mag man die Salzseen nicht, so gibt es zwar kein St. Moritz in nächster Nähe, dafür jedoch die Hohe Rinne, ein Luftkurort mit tannenschwerer Luft, wo Constantin Noica, der Philosoph, die letzten Jahre seines Lebens umringt von seinen treuen Jüngern verbracht hat.

Was hat dieses Hermannstadt, das einen nicht mehr loslässt? Raum, in dem sich eine über 850 Jahre alte Geschichte und Kultur widerspiegelt. Namen wie Conrad Haas, der Erfinder der Mehrstufenrakete, Hermann Oberth, der Vater der Raumfahrt, Kirchen der unterschiedlichsten Konfessionen auf engstem Raum, verschiedene Nationalitäten und Religionen, die im Leben wie im Tod ein friedliches Miteinander demonstrieren. Leider hat Hermannstadt auch die schrecklichen Überreste einer sozialistischen Diktatur, die hässlichen Plattenbauten. Hermannstadt zwischen Dur und Moll. Verortung der ausgewanderten und hiergebliebenen Seelen.

Friedhofsszenen

Geradlinig oder verworren, kürzer oder länger, mühsam oder leicht zu beschreiten, so enden die Wege des Lebens. Wege, die beendet werden oder freiwillig enden. Dann führt der Weg zur letzten Ruhestätte, dem Friedhof.

In Hermannstadt liegt der Zentralfriedhof am Ende der Jungen-Wald-Straße, Zeuge gelebter und nicht gelebter Leben.

Links die evangelische Seite, rechts die katholische Seite. Leise wachsende Grashalme der Vergänglichkeit, verwitterte Grabsteine mit kaum lesbaren Namen und Zahlen darauf. Der erste November, als sich der Friedhof fast in ein Korso verwandelt hat. Astern, die in ihrer Buntheit an Leben erinnerten, Chrysanthemen, die Ahnung der Vergänglichkeit in sich tragend. Gräber geschmückt mit Tannengirlanden. Der Geruch verbrannten Laubes. Kerzen auf den Gräbern mit flackerndem Licht und einem zuckenden Docht. Erlöschende Kerzen wie Leben.

Autokolonnen, die sich dem Friedhof nähern. Särge werden zu Grabe getragen. Augenblicke, die sich für immer einprägen. Ausgelöschte Leben, Leben junger Menschen. Die Lawinenopfer vom Bulea-See. Die Welt steht still, wenn auch nur für einen Augenblick. Sinnsuche und Atemlosigkeit. Der Friedhof mit zaghaft sprießenden Grashalmen. Das Gebimmel der Totenglocke. Über dem Friedhof ein lebensblauer Himmel, verletzend in seiner Fraglosigkeit. Eine unbarmherzige Sonne scheint aus dem Blau. In der Ferne das höhnende Lachen der schneebedeckten Karpaten, so als wollten sie in ihrer Unbezwingbarkeit den Toten ein letztes Geleit geben.

Eine Schulklasse vor einem Grab. Kinder, die mit der Vergänglichkeit bangend umgehen. Ein Schüler mit leeren Augen. Das Flug-
zeug ist kurz vor Hermannstadt abgestürzt. Der Vater war der Pilot.
Der Vater ist vom Himmel gefallen. Die Blicke des Kindes verlieren
sich.

Die Klänge der Orgel erdrücken das Herz des Kindes. Das
Schluchzen wird so laut, dass es die Musik zerreißt. Tränenbäche fließen in den Mund. Es entsteht ein Meer mit schwarzen Rändern. Die
Taschentücher sind wie frisch gewaschene Wäsche, so nass und zer-
knüllt. Ich lebe weiter mit der Stimme der Großmutter im Ohr und
der Aussage des Pfarrers, dass die Großmutter nun im Himmel sei.

Das Grab der Großmutter fast verschwunden. Durch das leise
Rauschen der Bäume versuche ich, die Stimme der Großmutter zu
vergegenwärtigen. Doch was ich höre, ist nur mein eigenes Weinen
in den Orgeltönen. Die Totenglocke läutet, wie von Weitem. Ein
Mensch wird zu Grabe getragen.

Hermannstädter Friedhof

Spuren

Sie kamen und blieben, und irgendwann gingen sie wieder oder die meisten von ihnen, und einige kamen zurück und blieben für immer, andere blieben nur für kurze Zeit, um dann in ihr neues Zuhause zurückzukehren. Doch alle hinterließen Spuren, zeitliche und räumliche. Und manch einer versuchte, diese Spuren mitzunehmen.

Im Sommer findet man sie häufig in Hermannstadt, die Spurensucher. Sie verirren sich in den schmalen Gassen der Stadt und verlangsamen zögernd ihre Schritte. Man trifft sie alleine an, mit Blicken, die sich an imaginären Seilen hochziehen und von den Augen der Stadt verschluckt werden. Zu zweit suchen sie Spuren in der Laterngasse.

„Weißt du noch, das Haus mit den grünen Läden oder waren sie blau und die Tante mit dem schiefen Hut und dem Lachen einer Krähe und die Werkstatt des Onkels, der Schuster war, und sein Laden mit den hellblauen Kacheln an der Fassade des Hauses und weißt du noch, dass du dachtest, der Onkel repariere Schuhe im Bad? War das in der Elisabethgasse? Das ist doch heute eine Möbelmeile.

Ob es den Popa Luca noch gibt, wo der Josi sich jeden Abend in den Rausch getrunken hat und du sagst, heute gibt es da das beste gefüllte Kraut?

Und weißt du noch, wie wir nach dem Englischkurs in der Dunărea saßen und die Kellner die Tischdecken wie Toreros das rote Tuch drehten und auf den Tisch warfen, damit man die Flecken nicht sieht? Und weißt du noch, wie ein sonderbares Licht der Stadt die Träume raubte und die Erde zu schwanken begann? Am nächsten Tag stand die Turmuhr still.

Kanaldeckel mit Hermannstädter Wappen

Und weißt du noch, wie wir im Herbst das Laub verbrannten und die Rauchschwaden sich mit dem verbotenen Zigarettenrauch vermischten? Und siehst du dort das blonde Kind im Fenster, das bin doch ich! Und hörst du die Orgelklänge, die die Äste beschwören und den Winter vertonen?

Und weißt du noch, wie Menschen verschwanden, nur weil sie das falsche Wort sagten an diesem Ort? Und weißt du, wie das Karussell sich immer schneller drehte am Kleinen Ring und die Menschenschlangen sich von der Nacht bis in den nächsten Morgen schlängelten vor der Fleischbank? Und mein Vater hat noch den Strohschneider hier gesehen und nun ist alles so italienisch und schick.

Und erinnerst du dich noch an die Sommer im Strandbad und die Limonadenverkäuferin auf dem Markt? Und an die Partys mit Brötchen und Wein und der Vorstellung, dass wir das Haltbarkeitsdatum der Liebe kennen? Und an die Versprechungen, die sich verliefen wie Spuren im Schnee. Und weißt du noch, als die Leute die Stadt verließen und du sagtest, ihre Spuren lassen sie hier?

Und weißt du noch, die Venezia, wo heute das Dumbrava-Kaufhaus steht, und die Bäume vor dem Boulevard? Und weißt du noch, der Weg durch den Erlenpark und Regen tröstete den Asphalt und es war nach dem Konzert mit Klaus Pringsheim als Dirigenten und wir sprachen über Katia Mann? Und weißt du noch, wie du meinen Namen riefst und ich blieb nicht stehen und es war vor dem Haus neben dem Brotladen und ich erinnerte mich, dass Vater mir sagte, dass dort der Galgen stand?

Und weißt du noch, wie wir bei Raureif die Stadt verließen?"

Und wenn die Augen der Spurensucher sich aus luftigen Höhen abseilen, fallen sie auf die Erde herab. Und dein Blick gleitet nach unten und prallt auf den zweisprachigen Kanaldeckel. Und ich verletze mich an den Schwertern und als Trost setzt du mir die Krone auf.

Und wir finden sie wieder, die Spuren unserer Vergangenheit. Spuren im Jetzt.

Über Dagmar Dusils Miniaturen

Ich hatte die Angewohnheit, viele Stunden im Brukenthal-Museum zu verbringen und mir die Ansicht der Stadt aus der Vogelperspektive, gemalt von einem holländischen Künstler, anzusehen. Es war ein sowohl vertrauter als auch beunruhigender Anblick. Ich hatte den Eindruck, viele Leben dort gelebt zu haben. Beginnend mit den Hexenverbrennungen im 16. Jahrhundert bis zu der Erschießung der Protestierenden am Ende des 20. Jahrhunderts ging die Geschichte in Wellen über das Zentrum der Stadt. Trotz allem blieb der Geist der Stadt unberührt.

Es ist wie der Blick in einen Spiegel, wenn ich lese, wie Dagmar Dusil die verwunschenen Orte ihrer Kindheit und Jugend rekonstruiert. Sie und ich sind Zeitgenossen, sie eine Deutsch sprechende Lyzeanerin am Gheorghe-Lazăr-Lyzeum, die jetzt in Deutschland lebt, ich ein Schüler des rumänischen Gheorghe-Lazăr-Lyzeums, der zurzeit in der amerikanischen Wildnis lebt. Ich sehe durch die „Augen Hermannstadts" das, was auch sie sieht: Geschichte, Konflikte und die sonderbare Gelassenheit der Stadt selbst. Es ist zugleich ein dicht bevölkerter Spiegel: Ich sehe dort einige, die über ihre Schulter andere betrachten, die über meine Schulter blicken. Juden sehen Deutsche an, Rumänen sehen Ungarn an, Wanderzigeuner sehen die Besitzer wohlhabender Häuser an, die kommunistischen Herrscher sehen in die Augen der Bourgeois, die Arbeiter sehen die Bauern an, die ihren Käse am Ufer des Zibins verkaufen. Völker und Generationen, Kulturen und Menschen verschiedenen Alters und verschiedener Gesellschaftsschichten schließen ihre Blicke hinter Dagmars und meinem Rücken in den Spiegel von Hermannstadt ein. Wir sehen uns an durch „die Augen von Hermannstadt". Zwischen uns fließt ein kraftvoller und aufgewühlter, jedoch eigenartig friedlicher Strom.

Die Zeit ist hier anders oder vielleicht wirkt sie anders, wie die alte Turmuhr am Rathausplatz in Prag: Wenn der Tod erscheint, halten die Touristen den Atem an, doch dann geht die Zeit weiter, und das Leben wird fortgesetzt. Dagmars Hermannstadt, mein Sibiu, ist wie die Luftansicht des holländischen Malers aus dem 18. Jahrhundert: Sie bildet das minutiös nach, was uns schon bei der Geburt vertraut war. Daher die Mischung aus Nostalgie, dem Déjà-vu vergangenen Lebens und der bewegten Gegenwart.

Andrei Codrescu

Inhalt